# IA,
# ou la révolution du son

**Comment l'intelligence artificielle
transforme l'industrie de la musique**

**de**

Akustikrausch

La symbiose entre l'intelligence artificielle et la musique
déclenche une nouvelle ère de créativité
et nous pose une question fascinante:

Les algorithmes peuvent-ils vraiment saisir l'âme de la musique?

# Chapitre 1

## Le début d'une nouvelle ère

L'évolution de la production musicale au fil des siècles est en effet remarquable. Les méthodes et techniques musicales qui ont évolué depuis les débuts rudimentaires des méthodes d'enregistrement analogiques jusqu'au monde ultramoderne de la production musicale numérique ont ouvert la voie à des progrès incroyables en matière de technologie, de compétences créatives et de styles individuels des musiciens et des producteurs. Ce changement constant et l'innovation continue dans le secteur ont fait de l'art de la production musicale un domaine en constante évolution et fascinant.

Ce sont les années 1980 qui ont marqué un tournant dans l'histoire de la production musicale. Cette période, connue pour ses changements radicaux et ses inventions révolutionnaires, a vu l'émergence des technologies numériques, qui ont introduit une révolution dans la manière dont la musique était conçue, enregistrée, éditée et finalement présentée au public. La technologie numérique a transformé le domaine à bien des égards, ce qui s'est reflété dans l'évolution des méthodes et des techniques de production. Ce qui nécessitait autrefois des équipements de studio coûteux et des connaissances techniques spécialisées est désormais devenu de plus en plus accessible au grand public et plus facile à utiliser.

La révolution numérique a complètement changé le paysage de la production musicale. Les limites autrefois imposées par les contraintes physiques et technologiques ont commencé à disparaître. Les musiciens et les producteurs pouvaient désormais expérimenter et créer avec une facilité et une liberté jamais atteintes auparavant. Avec l'introduction de postes de travail et de logiciels numériques, le processus de production musicale s'est démocratisé, permettant à plus de personnes que jamais de transformer leurs visions créatives en réalité.

Parallèlement, les progrès rapides de la technologie numérique ont entraîné de nouveaux défis et de nouvelles opportunités. Avec la complexité croissante des logiciels et l'augmentation des exigences en matière de savoir-faire technique, les musiciens expérimentés comme les nouveaux venus dans le secteur ont dû s'adapter et apprendre en permanence pour rester à la page. Néanmoins, les avantages de la numérisation étaient indéniables - elle a ouvert de nouvelles voies créatives et a permis aux gens de vivre et de créer de la musique d'une manière qui était auparavant impensable.

Maintenant que nous sommes au 21e siècle, le secteur de la musique est confronté à la prochaine grande révolution : l'intelligence artificielle. Avec l'utilisation de l'IA dans la production musicale, nous sommes à l'aube d'une ère de création musicale sans précédent, qui a le potentiel de changer radicalement notre vision de la musique et de la créativité. Ce voyage passionnant n'en est qu'à ses débuts, et la question qui nous captive tous est la suivante : les algorithmes peuvent-ils vraiment saisir l'âme de la musique ?

Avec l'apparition des stations de travail audionumériques (DAW), un chapitre remarquablement nouveau de la production musicale a commencé à s'ouvrir. Ces plateformes ultramodernes ont permis aux musiciens et aux producteurs de concevoir, d'enregistrer et de retravailler leurs œuvres artistiques directement sur leurs ordinateurs. Les limites imposées autrefois par le matériel physique et les capacités disparaissaient peu à peu. Il était désormais possible de créer un nombre presque infini de pistes, d'ajouter une multitude d'effets et d'éditer et de mixer les enregistrements de manière transparente. Les possibilités créatives offertes par ces évolutions semblaient illimitées et l'art de la production musicale commençait à se démocratiser et à devenir plus accessible.

Mais quel a été l'impact de cette remarquable révolution numérique sur la chaîne de valeur globale de l'industrie musicale ? L'ère précédant la numérisation était caractérisée par une forte influence des grandes maisons de disques sur le processus d'enregistrement et de production. Les barrières à l'entrée étaient élevées, car l'accès aux studios d'enregistrement professionnels et coûteux et aux équipements haut de gamme était réservé à un nombre limité de personnes. Le pouvoir était détenu par un petit nombre d'entités centralisées.

Avec l'arrivée des outils numériques, ce rapport de force a changé de manière spectaculaire. Soudain, la production musicale est sortie des studios exclusifs et s'est déplacée dans les chambres, les garages et les salons des gens du monde entier. N'importe qui ayant accès à un ordinateur et à un DAW pouvait désormais produire, mixer et publier ses propres morceaux sans avoir besoin d'un contrat avec une grande maison de disques ou d'un accès à un studio professionnel. Cela a marqué un changement de paradigme majeur dans l'industrie musicale, bouleversant la dynamique traditionnelle et permettant aux artistes d'exprimer librement leur créativité et de diffuser leur musique directement auprès des masses.

Les outils numériques ont offert une plateforme pour l'innovation et la créativité en modifiant l'équilibre des pouvoirs dans l'industrie musicale et en réduisant les obstacles à l'entrée pour les artistes émergents. La démocratisation croissante de la production musicale a non seulement permis de diversifier davantage la chaîne de valeur de l'industrie musicale, mais elle a également jeté les bases d'un paysage musical encore plus inclusif et diversifié.

La numérisation et la démocratisation de la production musicale ont entraîné une expansion remarquable de l'espace créatif. Avec les nouveaux outils accessibles, d'innombrables musiciens et producteurs sont montés sur le ring et le paysage musical a été submergé par un flot de nouvelles sorties. Il en a résulté une riche diversité de styles, de genres et de sons, ce qui a énormément enrichi le monde de la musique dans son ensemble.

Parallèlement, la révolution numérique a également apporté son lot de nouveaux défis. La quantité de musique disponible a explosé, faisant de la recherche et de l'écoute de nouvelles musiques un défi de plus en plus difficile à relever. Au milieu de ce paysage musical presque infini, une question s'est posée : comment sortir du lot et attirer l'attention ? Ce défi concernait à la fois les nouveaux artistes, qui s'efforçaient de trouver leur place sur la scène musicale, et les auditeurs, qui aspiraient à découvrir de nouvelles musiques et à élargir leurs propres préférences musicales.

L'impact de cette situation sur la création et la valeur de la musique elle-même a été considérable. Dans un monde où la musique était si facilement accessible et productible, les artistes et les producteurs ont dû trouver de nouveaux moyens de se différencier et d'imposer leur propre marque créative. Parallèlement, ils ont également dû développer des stratégies de commercialisation et des modèles commerciaux innovants afin de donner à leurs œuvres une valeur économique appropriée.

L'inondation du marché par la musique a également eu un impact sur la perception de la valeur de la musique elle-même. Avec autant de musique disponible gratuitement, on peut se demander si la valeur perçue de la musique diminue et si cette évolution ne conduit pas à une dévalorisation du processus de création. Dans ce paysage en constante évolution, les artistes et l'industrie musicale doivent continuellement trouver des stratégies et des solutions innovantes pour maintenir la valeur de la musique dans un monde riche et varié.

Toutefois, malgré ces défis, la numérisation de l'industrie musicale a ouvert la voie à une liberté de création et à une diversité musicale sans précédent. Elle a permis à la musique d'être créée, partagée et appréciée par un groupe plus large de personnes. Les défis posés par ce déluge de musique nous poussent à réfléchir à la valeur de la musique et aux mécanismes de sa création de valeur, et à trouver de nouvelles façons de naviguer dans ce paysage musical riche et diversifié.

Le développement technologique continu poursuit sa marche inexorable et place l'intelligence artificielle (IA) de plus en plus sous les feux de la rampe. Mais quelles en sont les conséquences pour le monde de la production musicale ? Dans quelle mesure l'IA peut-elle faciliter, améliorer ou même remplacer le processus créatif ? Comment le rôle du producteur et du musicien se redessine-t-il à une époque où les algorithmes et l'apprentissage automatique donnent de plus en plus le ton ?

Ces questions essentielles ouvrent un nouveau champ de discussion et nous obligent à réfléchir plus profondément à l'avenir de la production musicale. L'intégration de l'IA dans le processus de production musicale conduira-t-elle simplement à une simplification et à une efficacité accrues, ou risque-t-elle de nous faire perdre l'essence et l'âme de la musique ? Sommes-nous prêts à échanger l'authenticité et l'originalité artistiques potentielles contre l'efficacité et la commercialisation ? L'avenir de la production musicale via l'IA soulève des questions aussi philosophiques que techniques. D'une part, l'IA offre le potentiel de faciliter le processus de création musicale par l'automatisation et l'amélioration des flux de travail. Cela pourrait donner aux musiciens et aux producteurs plus de temps et d'espace pour se concentrer sur l'aspect créatif de leur travail, tout en augmentant encore l'accessibilité à la production musicale.

D'autre part, certains craignent que la dépendance croissante vis-à-vis des algorithmes ne réduise la touche humaine unique de la musique. L'automatisation excessive pourrait-elle nous faire perdre la profondeur émotionnelle et l'expressivité qui rendent la musique si émouvante et personnelle ? Où traçons-nous la ligne entre l'utilisation efficace de la technologie et la préservation de l'âme artistique qui donne réellement vie à la musique ?
L'intégration de l'IA dans la production musicale offrira à la fois des opportunités passionnantes et des défis importants. Alors que nous nous efforçons de tirer profit de cette nouvelle technologie, nous devons en même temps préserver l'esprit artistique qui fait de la musique une partie si essentielle de notre expérience humaine. Cela nécessite une réflexion et un débat minutieux qui prennent en compte les aspects techniques et éthiques. Il sera passionnant de voir comment ces discussions façonneront le futur paysage de la production musicale.

Rejoignez-nous dans une expédition fascinante à travers l'évolution de la production musicale, en ouvrant les portes d'une nouvelle ère dans laquelle l'intelligence artificielle joue un rôle sans cesse croissant. Nous nous embarquerons dans un voyage à travers les différentes phases de cette remarquable évolution, des premiers sons numériques aux technologies les plus avancées pilotées par l'IA.

Au cours de cette étude, nous examinerons les multiples aspects de la production musicale pilotée par l'IA et discuterons de l'impact qui en résulte pour le secteur de la musique. Nous analyserons comment la chaîne de valeur se transforme dans un monde numérisé et quels sont les nouvelles opportunités et les nouveaux défis qui en découlent pour les musiciens, les producteurs et les amateurs de musique.

Les questions critiques qui incitent à la réflexion jouent un rôle central dans cette étude : L'automatisation et la standardisation croissantes entraînent-elles une perte de l'expression individuelle et de la singularité dans la musique ? La créativité est-elle limitée ou même étouffée par la dépendance aux algorithmes ? Et comment l'avancée de la numérisation influence-t-elle l'appréciation et la valeur reconnue de la musique ? Nous aborderons ces questions et bien d'autres encore, toutes aussi passionnantes, au cours de cette exploration.

La vague de numérisation et l'application de l'intelligence artificielle (IA) à la production musicale ont sans aucun doute permis de simplifier et d'améliorer considérablement de nombreux processus. Ils ont rendu des procédures complexes plus efficaces et plus accessibles, et le potentiel d'expansion créative semble à première vue illimité. Mais ces progrès soulèvent également des questions essentielles qui nécessitent une réflexion et un débat approfondis.

L'un des aspects centraux de cette discussion concerne l'influence de l'automatisation sur l'individualité artistique et l'expression dans la musique. Une musique de plus en plus contrôlée par des algorithmes et l'apprentissage automatique peut-elle atteindre la même profondeur émotionnelle et la même individualité qu'une musique entièrement créée par un artiste humain ? L'utilisation de ces technologies nous fait-elle perdre une partie de l'âme artistique et de l'influence créative qui font de la musique une expérience humaine si profonde ?

Par ailleurs, il convient de s'interroger sur l'impact de la numérisation sur l'appréciation et la valeur monétaire de la musique. Dans un monde où la musique est de plus en plus facile à produire et à diffuser, est-elle en même temps de moins en moins appréciée ? L'inondation du marché par la musique entraîne-t-elle une diminution de la valeur d'une œuvre individuelle ?

Enfin, nous sommes confrontés à des questions éthiques liées à l'utilisation des algorithmes et des technologies d'IA. Quelle est notre responsabilité lorsque nous utilisons l'intelligence artificielle pour créer de l'art ? Où traçons-nous la frontière entre efficacité et authenticité, entre progrès technologique et intégrité artistique ?

L'importance de ces questions ne peut être surestimée, car elles nous incitent à réfléchir plus profondément à l'avenir de la production musicale et à prendre des décisions en connaissance de cause. Dans la suite de cette réflexion, nous analyserons en détail les multiples applications de l'intelligence artificielle dans la production musicale. Ce faisant, nous jetterons un regard critique sur le potentiel et les défis que représentent ces technologies à la fois excitantes et inquiétantes. Il ne s'agit pas seulement de célébrer les avancées technologiques, mais aussi de promouvoir une utilisation responsable et éthique de ces nouveaux outils.

Il convient en outre d'examiner les aspects éthiques de l'application de l'intelligence artificielle à la production musicale. Quelle est l'influence sur les droits des artistes lorsque des algorithmes sont capables de générer ou de reproduire de la musique ? Allons-nous vers un monde où la créativité humaine sera supplantée par l'intelligence des machines ? Ou l'IA devrait-elle plutôt être considérée comme un outil créatif qui nous inspire et nous soutient sans compromettre notre identité artistique individuelle ?

Les considérations éthiques s'étendent également au concept de paternité. Dans un monde où l'IA peut composer de la musique, qui est considéré comme l'auteur de l'œuvre ? La personne qui a programmé l'algorithme ou l'algorithme lui-même ? Ce sont des questions complexes, qui ont des implications à la fois juridiques et éthiques, et qui devront sans aucun doute faire l'objet d'intenses discussions à mesure que l'application de l'IA à la production musicale progressera.

Nous nous projetons également dans l'avenir et spéculons sur l'évolution de la production musicale dans les années à venir. Quel rôle l'IA et les autres technologies émergentes joueront-elles dans ce paysage ? Allons-nous nous diriger vers une production musicale entièrement automatisée, dans laquelle les algorithmes joueront le rôle principal ? Ou y aura-t-il toujours une composante humaine, indispensable au processus créatif ?

Ces questions prospectives sont essentielles, car elles nous amènent à réfléchir aux voies possibles que pourrait emprunter la production musicale. Elles nécessitent une réflexion approfondie sur l'impact de la technologie sur la musique et sur ceux qui la créent et la consomment. Dans ce paysage en constante évolution, il est plus important que jamais de jeter un regard conscient et informé sur l'avenir.

Dans les chapitres à venir, nous nous pencherons en détail sur ces questions stimulantes, tout en examinant systématiquement les multiples applications de l'IA dans la production musicale. Nous nous concentrerons sur le développement d'une compréhension globale des forces motrices et des mécanismes qui conduisent les changements actuels dans l'industrie musicale.

Nous nous intéresserons de près à des aspects tels que la composition musicale assistée par l'IA, dans laquelle des algorithmes analysent et recréent les structures mélodiques et harmoniques de la musique. Nous nous pencherons également sur la conception sonore assistée par l'IA, dans laquelle l'apprentissage automatique est utilisé pour générer des paysages sonores et des textures sonores complexes. Le mixage et le mastering assistés par IA seront également analysés dans ce contexte, où l'optimisation de la qualité audio par des processus automatisés sera mise à l'épreuve.

Pour chacun de ces thèmes, nous examinerons les avantages et les limites potentiels des technologies impliquées. Il ne s'agit pas seulement des aspects techniques, mais aussi des implications créatives et culturelles. Que signifie pour la créativité musicale le fait que les algorithmes prennent en charge une part de plus en plus importante du processus de production ? Comment cela modifie-t-il le rôle des artistes et des producteurs ? Quelle influence cela a-t-il sur les auditeurs et sur la manière dont nous vivons et apprécions la musique ?

Ensemble, nous partirons à la découverte du monde fascinant de la production musicale et observerons l'évolution impressionnante des sons analogiques vers un avenir marqué par l'IA. Nous nous plongerons plus profondément dans les opportunités et les risques que cette évolution implique. En outre, nous souhaitons encourager une réflexion sur la signification et la valeur de la musique dans un monde de plus en plus numérisé.

Cette enquête n'est pas seulement une information, mais aussi une source d'inspiration. Car malgré toute la technologie et l'automatisation, la musique reste une forme d'expression profondément enracinée dans l'expérience humaine. C'est dans cet esprit que nous vous invitons à vous laisser inspirer par le monde de la musique influencé par l'IA et à explorer vos propres pensées et sentiments par rapport à ces changements.

# Chapitre 2

## L'intelligence artificielle rencontre la mélodie : Une symphonie d'octets et de battements

La scène de la musique s'est enrichie d'un partenaire aux multiples facettes inattendues, qui redéfinit sans cesse les limites du possible et nous entraîne dans une expédition fascinante vers des paysages sonores jusqu'ici inexplorés : l'intelligence artificielle (IA). Cette technologie fascinante, à la croisée de la science et de l'art, fait son entrée sur la scène de la production musicale avec un ensemble d'algorithmes sophistiqués et mène une danse éblouissante avec notre intuition artistique.

Intégrée dans cette interaction complexe de chiffres, de codes et de notes, l'IA transforme les règles du jeu de la production musicale, comme si elle avait découvert la clé secrète de l'universalité du son. Elle n'est pas seulement un outil étincelant dans la main de l'artiste, mais aussi un acteur à part entière qui permet de nouvelles formes de création sonore. Elle agit en tant que maître de l'improvisation, sachant créer à la fois l'harmonie et l'innovation grâce à sa précision technique et à sa créativité algorithmique.

L'IA a réussi à démystifier le processus souvent complexe de la production musicale et à le rendre accessible, sans pour autant compromettre la sensibilité artistique. Elle élargit nos horizons créatifs, nous ouvre de nouvelles perspectives et nous fait découvrir des dimensions sonores qui font voler en éclats nos conceptions antérieures de la musique. Avec sa combinaison raffinée de prouesse technologique et de sensibilité esthétique, l'intelligence artificielle dresse un tableau impressionnant des possibilités dont nous disposons dans la production musicale d'aujourd'hui et de demain. Et tandis qu'elle révolutionne le monde de la musique, nous nous posons la question passionnante suivante : quel sera le son de la symphonie du futur ?

Nous sommes aux premières loges pour voir l'intelligence artificielle déployer ses talents impressionnants, de la composition musicale purement basée sur l'IA aux expériences de conception sonore à couper le souffle, en passant par le remixage grandiose où l'ordinateur se transforme en baguette de chef d'orchestre. Mais avant de nous laisser complètement entraîner dans la symphonie virtuose des possibilités que nous offre l'IA dans la production musicale, il est temps de prendre du recul et de jeter un regard analytique sur les fondations sur lesquelles cette prouesse technologique a été construite : Les données.

Les données, ce concept élémentaire qui constitue la base de notre monde numérique, sont bien plus que des chiffres et des faits inanimés. Elles sont les veines par lesquelles passe la vie de l'intelligence artificielle (IA). Telles des notes qui déterminent la mesure et la mélodie des algorithmes, ou la baguette qui donne le rythme à leur processus créatif, elles agissent comme la matière première à partir de laquelle l'IA crée ses merveilles sonores.

Mais ces données ne sont pas seulement des collections non structurées de chiffres et de signes. Elles sont plutôt la mosaïque de notre culture, le miroir de nos émotions et de nos expériences, et le lien entre nos préférences et nos aversions musicales. Ils sont l'ingrédient secret qui assaisonne le menu créatif de l'intelligence artificielle et lui confère sa saveur unique. Ils sont le vocabulaire à partir duquel l'IA tisse ses histoires mélodiques et ils sont l'étoffe dont sont tissés les rêves de la production musicale basée sur l'IA.

Dans le rôle du compositeur méticuleux, l'IA utilise ces données pour générer des créations symphoniques uniques. Mais son utilisation ne s'arrête pas à la simple analyse et manipulation des données. Non, l'IA a le potentiel de s'impliquer dans le processus créatif, d'agir comme une alliée dans la composition et d'aider le musicien à trouver le son parfait. Pour ce faire, elle utilise des technologies de pointe telles que les réseaux neuronaux et l'apprentissage automatique, créant ainsi un pont entre les producteurs et l'IA.

Mais qui dit grand potentiel dit aussi grands défis. Comment pouvons-nous utiliser ces énormes quantités de données d'une manière qui préserve leur intégrité ? Comment pouvons-nous nous assurer qu'elles favorisent la qualité artistique et la diversité de la musique, plutôt que de l'homogénéiser ou de la simplifier ? Comment pouvons-nous contrôler leur pouvoir afin qu'elles ne deviennent pas un poids écrasant qui étouffe la créativité ?

La résolution de ces questions exige de la diligence, de la clairvoyance et, surtout, une réflexion approfondie sur les aspects éthiques de l'utilisation des données dans la production musicale pilotée par l'IA. Il ne s'agit pas seulement d'une tâche technique, mais aussi d'un défi artistique et philosophique qui mettra à l'épreuve notre compréhension de la musique et de la créativité.

Le partenariat entre les données et l'intelligence artificielle constitue la scène passionnante d'une nouvelle ère de la production musicale. Une ère dans laquelle la créativité humaine et l'intelligence artificielle se fondent en un tout harmonieux pour créer une musique à couper le souffle. Une ère où l'IA n'est pas seulement reconnue comme un outil, mais comme un partenaire créatif qui élargit la vision artistique et nous aide à réaliser nos rêves musicaux. Une ère où les frontières entre le créateur et l'outil s'estompent et se dissolvent dans une symbiose symphonique à la fois envoûtante et déroutante.

Les données et l'intelligence artificielle créent une plateforme dynamique pour l'expression créative et l'innovation révolutionnaire, où le nouveau peut naître et l'ancien être réinterprété. Ils agissent comme les chefs d'orchestre invisibles qui agissent en arrière-plan pour garantir le flux harmonieux du processus créatif tout en laissant la place à des expériences et des découvertes imprévues.
Ils permettent la création de musique dont la complexité et la richesse des détails dépassent ce que le cerveau humain pourrait gérer seul. Ils ouvrent de nouveaux horizons en matière d'expression créative et de conception musicale, qui semblaient auparavant impensables. Mais elles nous placent également face à de nouveaux défis, qui exigent le courage de la réflexion et de l'examen critique.

Il s'agit de trouver un moyen responsable de gérer les données et d'organiser leur utilisation de manière à ce qu'elles stimulent la créativité humaine sans lui faire de l'ombre ou la dominer. Il s'agit de promouvoir la qualité artistique et la diversité de la musique tout en tenant compte des implications éthiques et sociales de la production musicale basée sur l'IA.

L'union des données et de l'intelligence artificielle dans la production musicale est un chapitre passionnant de l'histoire de la créativité humaine. C'est un défi qui exige à la fois une sensibilité artistique et un savoir-faire technique. C'est un voyage qui connaîtra à la fois des hauts et des bas. Mais en fin de compte, c'est un voyage qui nous invite à redécouvrir et à redéfinir les possibilités et les limites de notre propre créativité. C'est un voyage qui commence maintenant. Et nous sommes les pionniers de cette nouvelle ère, les créateurs de ce nouvel univers créatif.

Mais, et arrêtons-nous un instant sur cette réflexion, l'intelligence artificielle n'est pas un artiste à part entière, un Mozart autarcique ou un Beethoven rebelle des temps modernes. Elle est plutôt un outil complexe, un instrument dirigé par la créativité et la sensibilité humaines, intégré au processus de création et pourtant guidé de bout en bout par la main de l'homme.

Cela nous amène à une question centrale qui pénètre au cœur même de notre création artistique : Dans quelle mesure voulons-nous, nous les créateurs et porteurs de l'étincelle créative, céder le contrôle et l'influence à cette intelligence artificielle ? Voulons-nous lui permettre de jouer la mélodie, de donner le rythme et de composer les suites d'accords ? Ou doit-elle simplement tenir le pupitre pendant que nous, les musiciens, jouons notre chanson ?

Il existe un risque potentiel que notre musique devienne trop machinale et prévisible, stérile et déshumanisée, si nous lâchons trop la bride et laissons trop d'espace créatif à l'intelligence artificielle. Un chef-d'œuvre musical peut-il vraiment être réduit à des zéros et des uns ? Les algorithmes peuvent-ils capturer l'âme d'une mélodie ? Ou risquons-nous de perdre l'imprévisibilité, l'imperfection et l'humanité qui constituent la véritable essence de notre musique ?

D'autre part, nous pouvons considérer l'IA comme un partenaire collaboratif qui défie notre pensée créative, élargit notre paysage musical et ouvre de nouvelles perspectives. Une intelligence artificielle qui nous pousse à penser en dehors de nos schémas familiers, qui nous aide à élargir nos horizons musicaux et à entrer dans de nouveaux territoires inexplorés du son et de l'harmonie. C'est à nous de naviguer sur cette ligne étroite et de trouver le juste milieu, où l'intelligence artificielle agit comme un partenaire et un allié qui élargit notre potentiel artistique et ne le limite pas.

L'intégration progressive de l'intelligence artificielle dans le secteur de la musique oblige à se pencher sur un certain nombre de questions éthiques. Les aspects du droit d'auteur et de l'originalité artistique sont au cœur de ces réflexions. Qui détient les droits d'une chanson si une grande partie de la composition, de la production ou même du design sonore a été créée par une intelligence artificielle ? Comment la protection des artistes et des producteurs impliqués est-elle garantie dans un monde où les lignes entre la créativité humaine et celle des machines sont de plus en plus floues ?

L'impact sur l'industrie musicale dans son ensemble est également un sujet d'une portée considérable. Si nous considérons l'utilisation de l'IA dans la musique uniquement du point de vue de l'oiseau, nous pourrions en conclure qu'un avenir menace, dans lequel les artistes seront remplacés par des machines. Un scénario sombre dans lequel le facteur humain dans la musique perd sa pertinence et où les sons créés par des machines dominent nos habitudes d'écoute.

Mais une autre perspective nous permet de voir l'IA sous un autre jour : Comme un outil qui ne remplace pas la créativité humaine, mais qui l'élargit et la stimule. Elle pourrait servir à élever la vision artistique à de nouveaux niveaux et à ouvrir de nouvelles voies dans l'expression musicale. Au lieu de remplacer les artistes par des machines, l'IA pourrait les aider à développer leurs capacités et à élargir leur art de manière insoupçonnée.

Il est toutefois essentiel de conserver une vision équilibrée, en prenant en compte à la fois les avantages et les risques liés à l'utilisation de l'intelligence artificielle dans la production musicale. C'est ainsi que l'on peut parvenir à une compréhension globale de ce domaine émergent et transformateur.

La fascination pour le lien entre l'intelligence artificielle et la musique se manifeste par sa polyvalence et ses multiples applications possibles dans la production musicale. Une alliance dynamique entre l'intelligence artificielle et la créativité humaine ouvre d'innombrables voies d'inspiration et d'innovation. Il est néanmoins essentiel d'examiner les contours de cette collaboration d'un œil critique.

La responsabilité artistique de façonner l'expression distinctive et le message émotionnel de la musique est toujours entre les mains des musiciens et des producteurs. L'intelligence artificielle a le potentiel d'apporter une contribution de soutien et d'inspiration et d'ouvrir des voies jusqu'ici inexplorées dans la création musicale. Mais il ne faut pas oublier qu'elle n'est qu'un outil et qu'elle ne peut pas remplacer l'âme et l'individualité humaines, qui sont essentielles à la création artistique.

Chaque son, chaque note, chaque arrangement est le reflet de l'émotion et de la créativité humaines, qui ne peuvent être reproduites malgré la finesse technique et la brillance analytique de l'IA. L'intelligence artificielle peut produire une mélodie, composer une chanson et même orchestrer une symphonie entière, mais elle ne peut pas reproduire la passion, le cœur et l'intuition d'un être humain.

Préserver la singularité humaine dans l'art tout en profitant du soutien et des possibilités offertes par l'IA est donc la clé d'un partenariat fructueux et durable entre l'IA et la musique. Les possibilités et les applications captivantes de l'IA dans la musique devraient néanmoins nous rappeler la nécessité de maintenir un équilibre entre la technologie et l'humanité. Il est temps d'explorer la manière dont l'IA repousse nos limites créatives, mais aussi les défis uniques et les questions éthiques qu'elle soulève et qui attendent des solutions. Dans ce contexte, la prise en compte et l'appréciation de la créativité et de l'individualité humaines jouent toujours un rôle central. Ce n'est qu'avec une conscience aiguë de cet équilibre qu'il sera possible de tirer le meilleur parti du progrès sans perdre l'essence de la musique. L'arène de la production musicale assistée par l'IA - marquée par des artistes révolutionnaires et des projets innovants - représente un terrain inexploré qui contribue inexorablement à redéfinir le possible. Parallèlement, il est essentiel d'examiner et d'analyser de manière critique l'impact de ces développements sur l'industrie musicale et la chaîne de valeur.

La fusion de l'intelligence artificielle et de la musique marque le début d'un voyage passionnant - une odyssée qui a le potentiel de modifier fondamentalement le paysage de la production musicale tout en ouvrant de nouveaux horizons créatifs. Sur ce chemin passionnant, il est indispensable d'explorer, de comprendre et de concevoir consciemment l'interaction dynamique avec l'IA. C'est la seule façon de garantir une compréhension de la production musicale tournée vers l'avenir, qui honore à la fois la créativité humaine et accueille les progrès technologiques.

Sommes-nous déjà arrivés au point où une symbiose harmonieuse entre l'homme et l'intelligence artificielle est possible ? De quelle manière l'IA peut-elle continuer à enrichir notre voyage musical et l'élever à un niveau inégalé ? C'est comme si nous planions sur une odyssée de l'évolution - en y participant en direct, en étant en mesure d'en façonner activement le cours et d'en influencer la direction.

C'est une ère fascinante où l'IA et la musique se rencontrent, où l'innovation et l'expression artistique sont réunies dans une danse harmonieuse. Il semble que cette symbiose soit prête à libérer une multitude de possibilités et d'opportunités. Il est temps de briser les frontières conventionnelles, d'élargir le cosmos créatif et d'explorer de nouveaux horizons musicaux. Il est temps de lancer un avenir dynamique où l'homme et l'IA travaillent ensemble pour créer la prochaine génération de production musicale. Le voyage commence en ce moment même - il commence avec nous.

# Chapitre 3

## L'IA sous les feux croisés de la révolution musicale

La remise en question permanente du statu quo est l'élixir de vie de l'industrie musicale. Le pouvoir insondable de l'intelligence artificielle (IA) propulse cette tradition dans le 21e siècle, remodèle nos préférences musicales et déchaîne une nouvelle ère de diversité et d'innovation musicales.

Au cœur de ce bouleversement se trouvent les algorithmes, qui agissent comme des chefs d'orchestre invisibles dans l'orchestration de nos playlists personnelles. Ils décryptent les modèles de notre comportement d'écoute, dissèquent nos préférences et en déduisent des expériences musicales personnalisées. Ces juke-boxes en permanence en marche et dotés d'une grande puissance de calcul découvrent des modèles et des préférences qui nous sont peut-être inconnus et nous fournissent une bande-son sur mesure de notre vie.

Un aspect qui souligne cette métamorphose musicale est l'émergence de la musique transgenre, un mélange de styles passionnant qui brise les frontières musicales traditionnelles. La collision créative de différents genres donne naissance à des paysages musicaux inédits - un kaléidoscope de sons qui offre aux artistes établis comme aux talents émergents une plateforme pour leurs aventures musicales.

Grâce à la portée mondiale de l'IA, nous nous ouvrons également à une musique du monde dont la diversité s'étend sur l'ensemble du globe. La fusion des sons du monde entier élargit nos horizons musicaux et enrichit notre patrimoine culturel.

Mais derrière les paillettes de ces mondes sonores personnalisés se cache une réalité plus sombre. Il existe un risque d'uniformisation de la musique, où nous sommes constamment pris dans une boucle de nos propres préférences. De telles chambres d'écho pourraient restreindre la diversité du paysage musical et mettre à l'écart les artistes qui se situent en dehors de nos préférences algorithmiques préfabriquées.

Ces bulles de filtrage pourraient également nous donner une perspective à œillères sur le monde de la musique. Si nous sommes constamment confrontés à de la musique qui confirme nos goûts existants, nous pourrions nous perdre dans une vision musicale en tunnel et passer à côté d'expériences sonores potentiellement révolutionnaires.

Le rôle de l'IA dans l'évolution de nos goûts musicaux est une énigme captivante qui reste à démêler. Il est important de porter un regard critique sur l'automatisation de notre appréciation de la musique et de garder le contrôle de notre propre destin musical. L'IA peut être un guide utile sur la carte infinie de la musique, mais nous ne devons jamais négliger l'aiguille de la boussole de notre propre curiosité et de notre passion.

Il est essentiel que ces systèmes de recommandation basés sur l'IA ne prennent pas exclusivement le succès commercial et la popularité du courant dominant comme lignes directrices. La musique, dans toute sa diversité éblouissante et sa profondeur culturelle, nécessite un large éventail de recommandations couvrant l'ensemble du spectre musical. Nous devons nous assurer que nos algorithmes ne se focalisent pas uniquement sur les hits brillants du jour, mais qu'ils rendent également justice aux pionniers audacieux et aux artistes sonores expérimentaux, qui évoluent souvent en marge de ce qui est connu.

L'influence créative de l'IA sur les goûts musicaux ne se limite toutefois pas aux algorithmes et aux systèmes de recommandation. L'IA a également le potentiel de s'immiscer profondément dans le processus de fabrication de la musique. Les outils basés sur l'IA apparaissent déjà dans les livres de composition et les studios de production, où ils ouvrent de nouvelles voies créatives et permettent de nouvelles formes d'expression.

Toutefois, la question de l'équilibre entre l'IA et la créativité humaine se pose également. Un algorithme créé par des machines pourra-t-il jamais reproduire la résonance émotionnelle, la sensibilité et l'expérience personnelle d'un musicien humain ? La créativité humaine est indissociable de nos expériences individuelles, de notre culture et de nos émotions, et il est douteux qu'une IA puisse un jour réellement reproduire cette expérience humaine complexe.

Le rôle de l'IA dans la reformulation permanente des goûts musicaux est un phénomène complexe et fascinant qui suscite autant d'enthousiasme que d'inquiétude. Elle nous donne la possibilité de nous plonger dans l'immensité de la musique et d'en explorer les développements sans cesse renouvelés. Mais nous devons rester vigilants pour ne pas sombrer dans l'homogénéité des bulles de filtrage. Il est essentiel de maintenir l'équilibre entre les recommandations guidées par l'IA et la préservation d'un paysage musical diversifié et ouvert.

L'exploration de l'avenir des goûts musicaux et du rôle de l'IA dans ce processus est un domaine vivant et passionnant. Il nous appartient de façonner activement cette évolution, de remettre sans cesse en question nos préférences et de nous engager en faveur d'un paysage musical diversifié et inclusif. En utilisant l'IA comme un outil pour enrichir nos expériences musicales, nous pouvons contribuer à façonner le paysage musical plutôt que de nous laisser modeler par lui.

# Chapitre 4

## La symphonie du changement :
## L'industrie musicale et l'intelligence artificielle

L'industrie musicale se trouve dans une phase de réforme, marquée par l'évolution rapide de l'intelligence artificielle (IA). Un mélange fascinant de défis et d'opportunités s'ouvre, explorant et façonnant le futur pays de la musique.

La fusion de l'IA et de la musique ouvre une nouvelle ère de découverte musicale. Grâce à sa capacité à analyser de grandes quantités de données et à en extraire des modèles et des tendances, l'IA favorise la prise de décision et l'élaboration de stratégies dans les départements marketing de l'industrie musicale. Elle permet de prédire les hits potentiels, de promouvoir les artistes de manière appropriée et même de créer des musiques révolutionnaires. Ces compositions d'IA, formées par l'étude de hits existants et l'identification de leurs éléments à succès, pourraient apparaître comme un reflet du paysage musical actuel, tout en annonçant le son du futur.

L'industrie de la musique n'a cessé d'évoluer depuis ses débuts jusqu'à son état actuel, une industrie de haute technologie qui brasse des milliards. Elle a toujours joué un rôle central dans la culture mondiale, chaque époque étant définie par des mouvements musicaux distinctifs. Aujourd'hui, la technologie de l'IA a ouvert son rideau sur le monde de la musique, révélant une multitude de nouvelles possibilités de développement de l'industrie.

L'intégration de l'IA dans le processus de diffusion de musique en continu a également un impact significatif. Les algorithmes d'IA font progresser les recommandations personnalisées, promeuvent de nouvelles chansons et génèrent des listes de lecture uniques. Ils améliorent la qualité du streaming en filtrant les bruits de fond, en optimisant les débits et en réduisant les temps de latence. Les plateformes de streaming comme Spotify et Pandora s'appuient sur l'IA pour proposer à leurs utilisateurs des playlists sur mesure et des artistes émergents. Ces plateformes utilisent les avantages de l'IA pour personnaliser et améliorer encore l'expérience d'écoute.

Le marketing de la musique a également connu une transformation guidée par l'IA. Ces dernières années, nous avons assisté à une augmentation massive du marketing axé sur les données. Des plateformes comme Spotify et Apple Music utilisent déjà des algorithmes et l'IA pour créer des listes de lecture personnalisées et suggérer de nouvelles musiques aux utilisateurs. Cette technologie pourrait aller encore plus loin et créer des chansons uniques, voire des albums entiers, adaptés aux goûts individuels de chaque auditeur.

Dans un tel scénario, le rôle des maisons de disques et des sociétés de marketing pourrait fortement évoluer. Au lieu de contrôler la production et la distribution de la musique, elles pourraient devenir de plus en plus des spécialistes de l'analyse des données et de l'IA. Leur tâche principale pourrait être de comprendre les préférences et les habitudes des auditeurs, puis d'utiliser ces données pour créer des expériences musicales sur mesure.

Parallèlement, les systèmes d'IA pourraient être utilisés pour automatiser le processus de commercialisation et le rendre plus efficace. Au lieu de développer et de mettre en œuvre des campagnes de marketing coûteuses, les labels et les artistes pourraient utiliser l'IA pour diffuser automatiquement leur musique auprès des bons auditeurs. Ils pourraient utiliser des algorithmes pour identifier les chansons qui correspondent le mieux aux préférences et à l'humeur des utilisateurs, puis les ajouter automatiquement à leurs playlists. La question se pose évidemment de savoir comment l'industrie musicale peut être monétisée dans un tel paysage dominé par l'IA.

Malgré le potentiel de l'IA dans le domaine de la commercialisation de la musique, il existe également des inquiétudes concernant la protection des données et l'intégrité artistique. Alors que la musique personnalisée générée par l'IA est une idée fascinante, elle pourrait également soulever des questions sur le rôle de l'artiste dans la production musicale et jusqu'où la personnalisation devrait aller avant qu'elle ne se fasse au détriment de la vision et de l'expression artistiques.

En outre, le fait de mettre davantage l'accent sur les données et les algorithmes dans la commercialisation de la musique pourrait conduire à une plus grande homogénéisation de la musique. Si les algorithmes dominent la production et la commercialisation de la musique, ils risquent d'aboutir à des résultats similaires et de nuire à la diversité et à l'originalité de la musique. Bien que ces progrès soient révolutionnaires, ces évolutions soulèvent également de sérieuses questions, notamment en ce qui concerne les droits d'auteur, le rôle de la créativité humaine et la structure économique de l'industrie musicale.

Avec la capacité de l'IA à produire des morceaux de musique nouveaux et uniques, le modèle traditionnel de l'industrie musicale pourrait effectivement être ébranlé. Les artistes et les labels de musique, qui tiraient jusqu'à présent une grande partie de leurs revenus des droits d'auteur, pourraient être confrontés à une nouvelle concurrence : La musique générée par l'IA, qui ne nécessite ni contrats ni royalties.

En effet, la combinaison de la production musicale pilotée par l'IA et de l'énorme ensemble de données dont disposent les services de streaming comme Spotify ouvre une toute nouvelle dimension dans l'industrie musicale. Ces entreprises pourraient utiliser leur connaissance détaillée des préférences et des habitudes d'écoute de leurs utilisateurs pour créer de la musique sur mesure, générée par algorithme. En théorie, cela réduirait la nécessité de faire appel à des artistes humains et éliminerait également les frais de licence qui y sont liés.

Une telle approche pourrait être financièrement avantageuse pour ces entreprises, car elles auraient un contrôle total sur la production, la distribution et la monétisation de leur contenu musical. Elles pourraient entraîner leurs systèmes d'IA à créer de la musique correspondant exactement aux préférences de leurs utilisateurs, ce qui pourrait potentiellement entraîner une fidélisation et une satisfaction accrues des utilisateurs.

Cependant, cela ouvre également la voie à une série de questions et de défis critiques. Une telle évolution saperait-elle le rôle et l'importance des artistes et de la créativité humaine dans l'industrie musicale ? Pourrait-elle conduire à une homogénéisation de la musique, l'IA ayant tendance à suivre des modèles et à se baser sur des éléments connus et populaires plutôt que d'innover et d'expérimenter ? Une telle musique générée par l'IA serait-elle en mesure de capturer la profondeur émotionnelle, l'expression artistique et l'authenticité de la musique créée par l'homme ?

Il est toutefois important de noter que malgré l'influence croissante de l'IA, le rôle de l'artiste humain ne devient pas totalement obsolète. L'IA peut être en mesure de générer de la musique, mais elle ne peut pas reproduire les émotions, les expériences et la vision artistique qu'un être humain apporte à sa musique. Il y aura donc toujours un marché et une appréciation pour la musique créée par des êtres humains.

Cependant, la surabondance de musique créée par les morceaux générés par l'IA pourrait avoir un impact sur l'appréciation globale de la musique. Les consommateurs pourraient se sentir dépassés et il pourrait être plus difficile de trouver de la musique de qualité, ce qui pourrait finalement conduire à une diminution de la volonté de payer pour de la musique.

Il est donc essentiel que le secteur développe des stratégies pour faire face à ce problème. Une possibilité pourrait être d'utiliser des algorithmes pour fournir des recommandations musicales personnalisées, basées sur les préférences individuelles des auditeurs. En outre, mettre davantage l'accent sur la musique live et les événements pourrait être un moyen d'augmenter la valeur de la musique et les revenus des artistes.
Je pense que l'industrie musicale sera en mesure de s'adapter à ces nouveaux développements. Il est toutefois important que nous continuions, en tant que société, à débattre de l'impact de l'IA sur la musique et la créativité, et que nous nous assurions que la technologie est utilisée de manière à soutenir à la fois les artistes et les auditeurs.

L'industrie de la musique est confrontée à une transition à la fois passionnante et intimidante. La manière dont nous la naviguerons déterminera en fin de compte à quoi ressemblera le paysage musical de demain.

La technologie de l'IA ne détruira probablement pas complètement le secteur de la musique, mais elle le transformera définitivement et donnera naissance à de nouveaux modèles commerciaux. La production musicale basée sur l'IA pourrait servir d'outil supplémentaire pour les artistes et les producteurs, plutôt que de les remplacer. Dans ce contexte, les artistes peuvent considérer l'IA comme un moyen d'inspiration et de création, en repoussant les limites du processus créatif et en explorant de nouvelles façons de produire de la musique.

Mais quel sera le modèle économique de l'industrie musicale ? Nous pouvons spéculer sur le fait que l'IA pourrait éventuellement apporter un nouveau type de licence et de propriété intellectuelle. Au lieu de vendre des chansons ou des albums individuels, les musiciens et les labels pourraient éventuellement vendre un accès à des bibliothèques musicales générées par l'IA, de la même manière que les services de streaming fonctionnent aujourd'hui. Ces bibliothèques musicales basées sur l'IA pourraient comprendre un large éventail de styles, d'ambiances et de genres, ce qui permettrait aux utilisateurs de disposer d'une musique personnalisée pour différentes situations et projets en appuyant sur un bouton. Cela permettrait non seulement aux créateurs de contenu, mais aussi aux entreprises, d'utiliser de la musique de haute qualité pour leurs vidéos, leurs spots publicitaires ou leur musique d'ambiance, sans devoir passer par un processus de recherche étendu pour trouver les morceaux appropriés.

Un tel modèle soulève toutefois de nouvelles questions. Comment les artistes seraient-ils rémunérés dans ce scénario ? Les musiciens recevraient-ils une rémunération forfaitaire pour l'utilisation de leurs œuvres dans des bibliothèques générées par l'IA, ou participeraient-ils aux revenus générés par la vente de droits d'accès à ces bibliothèques ? Des mécanismes adéquats devraient être mis en œuvre pour garantir une rémunération appropriée des artistes et protéger leurs droits.

De plus, l'IA et la technologie blockchain pourraient former une symbiose encore plus forte à l'avenir. Les contrats intelligents pourraient être utilisés dans l'industrie musicale pour calculer et répartir automatiquement les droits de licence en fonction de l'utilisation de musique générée par l'IA. Cela favoriserait la transparence et l'équité et permettrait aux artistes de protéger efficacement leurs droits et de profiter de leur musique de manière adéquate.

Il est également possible que la musique générée par l'IA crée de nouveaux flux de revenus pour les musiciens et les maisons de disques. En mettant leur créativité et leur expertise musicale au service du développement d'algorithmes d'IA, les artistes pourraient créer des outils d'IA ou des plug-ins sous licence qui pourraient être utilisés par d'autres créateurs de musique. Cela leur permettrait de générer des revenus supplémentaires tout en encourageant la créativité et la diversité dans l'industrie musicale.

L'industrie de la musique à l'ère de l'IA sera sans aucun doute marquée par de profonds changements. Les modèles commerciaux et les canaux de distribution traditionnels se transformeront et de nouvelles possibilités apparaîtront pour les musiciens et les acteurs de l'industrie afin d'explorer des voies innovantes. Il sera toutefois essentiel que les artistes gardent le contrôle de leur création et maintiennent l'appréciation et la valeur de leur musique. En exploitant les possibilités offertes par l'IA, les musiciens peuvent trouver de nouvelles façons de produire et de commercialiser leur musique et d'interagir avec leur public, tout en préservant leur intégrité artistique.

Il est également possible que de nouveaux types de performances en direct et d'expériences musicales interactives voient le jour, avec à la fois des artistes humains et des systèmes d'IA. Celles-ci pourraient offrir des expériences uniques, adaptées aux goûts individuels du public, et ainsi augmenter la valeur de la musique dans un paysage de plus en plus encombré.

En outre, l'accent pourrait être mis davantage sur l'éducation et le développement des compétences dans le secteur de la musique, le rôle du musicien évoluant de celui de simple créateur à celui de curateur, d'éditeur et d'interprète d'œuvres générées par l'IA. Cela pourrait créer de nouveaux emplois et de nouvelles opportunités de carrière. En fin de compte, l'avenir de l'industrie musicale dépendra de nombreux facteurs, dont les innovations technologiques, les considérations juridiques et éthiques, et bien sûr les préférences et le comportement des mélomanes eux-mêmes.

S'il est inévitable que l'IA modifie d'une manière ou d'une autre le secteur de la musique, il est également important de se rappeler que la musique est avant tout une forme d'expression et d'émotion humaine. Dans un paysage musical dominé par l'IA, nous apprécierons peut-être d'autant plus la musique empreinte de la vision créative, du talent et du dévouement des artistes humains.

L'industrie de la musique continuera d'être un secteur passionnant et dynamique, offrant à la fois des défis et de nouvelles opportunités. La musique telle que nous la connaissons continuera à évoluer et à croître, poussée par la créativité humaine et l'innovation technologique.

# Chapitre 5

## L'avenir de l'expérience musicale :
## Réalité virtuelle et expériences audio immersives

Dans le domaine dynamique des technologies immersives, l'importance du son est souvent moins reconnue. Ce manque d'attention se manifeste souvent lorsque l'équipe responsable n'a pas suffisamment d'expérience dans la conception audio ou lorsque le budget est limité. En fait, le son joue un rôle important dans la conception de la présence et l'obtention des résultats escomptés dans la réalité virtuelle.

Le son peut servir à identifier la position et le mouvement d'objets virtuels. Il contribue de manière significative à créer une atmosphère de réalité et à renforcer l'impact émotionnel de l'expérience immersive. Le son est donc essentiel pour la perception et l'interaction humaines dans la réalité virtuelle.
Lors de la création d'expériences immersives, le son ne doit pas être considéré comme un aspect secondaire. Au contraire, il a un rôle central à jouer dans la création de la présence et du réalisme dans les environnements virtuels. Dans ce contexte, il est essentiel que le son soit intégré efficacement dans l'expérience globale.

Avant d'aborder la mise en œuvre du son immersif, il est essentiel de comprendre les différents types de sons qui peuvent être utilisés dans ces expériences. Il est possible de différencier différentes catégories de sons : Les bruits d'ambiance, les effets sonores, les sons de sonde, la musique et les enregistrements vocaux. Chacun de ces types de sons remplit une fonction spécifique et contribue à sa manière à l'effet global de l'expérience.
Les bruits d'ambiance constituent une atmosphère et contribuent à diffuser une impression de réalité. Ils peuvent inclure des sons naturels comme le vent et l'eau ou d'autres sons caractéristiques d'un environnement virtuel donné. Les effets sonores servent en premier lieu à approfondir l'immersion et à animer l'action. Les éléments acoustiques tels que les bruits de pas ou de machines en sont des exemples.

Les sons de Foley représentent un domaine particulier du son, souvent négligé. Ils comprennent des sons de soutien qui ne ressemblent pas nécessairement aux sons réels, mais qui contribuent néanmoins de manière significative à améliorer l'immersion. Cette catégorie comprend des sons tels que l'actionnement des touches, les clics de menu et les sons de l'interface utilisateur.

La musique, quant à elle, est capable de créer une atmosphère émotionnelle et de renforcer ainsi l'expérience globale. Elle peut influencer l'humeur et donner aux utilisateurs un sentiment de connexion avec le monde virtuel. Son utilisation peut avoir un impact significatif sur la perception et l'expérience de l'utilisateur, ce qui souligne son importance dans la conception d'expériences audio immersives. En dehors de ces différents types de sons, il existe diverses techniques de conception de sons immersifs. Il s'agit notamment du son spatial, de l'utilisation de l'audio diégétique et non diégétique, du son dynamique, de l'audio adaptatif, du son interactif et du son haptique. Chacune de ces techniques a pour but d'adapter le son aux actions et aux décisions de l'utilisateur et de créer ainsi une expérience encore plus intense et réaliste.

L'audio spatial positionne le son dans un espace 3D, ce qui permet aux utilisateurs de localiser les objets virtuels et de s'orienter dans l'environnement virtuel. L'audio diégétique, c'est-à-dire les sons qui correspondent au monde virtuel, crée une atmosphère réaliste et immersive. En revanche, l'audio non diégétique produit des sons qui existent en dehors de l'environnement virtuel, comme la musique de fond.
L'audio dynamique permet de modifier le son en fonction des actions ou des choix des utilisateurs. Le son adaptatif s'adapte aux actions ou aux choix de l'utilisateur et donne ainsi un sentiment de progrès. Le son interactif est déclenché par les interactions des utilisateurs et renforce ainsi le sentiment de présence et de réalité. Enfin, le son haptique peut être utilisé pour créer des vibrations ou des reproductions de basses, de sorte que les utilisateurs ne se contentent pas d'entendre le son, mais le ressentent également.

La mise en œuvre d'un son immersif nécessite une combinaison minutieuse et réfléchie de différentes techniques afin de créer une expérience intense et hautement immersive. La compréhension et l'application ciblée de plusieurs méthodes sonores peuvent augmenter de manière significative la qualité et le réalisme de l'expérience immersive.

Un aspect qui mérite une attention particulière est la conception de l'audio non diégétique, comme la musique de fond. Au lieu de s'appuyer sur un environnement sonore fixe et immuable, ce type de son peut être conçu de manière adaptative. Cela signifie que la musique s'adapte de manière dynamique aux actions ou aux décisions de l'utilisateur. Cette fonctionnalité permet d'intégrer de manière transparente le son et l'interactivité, ce qui améliore considérablement l'expérience de l'utilisateur. La modification continue et subtile de la musique permet de transmettre des sentiments de progrès, de mouvement et d'évolution. En outre, le son spatial peut être utilisé pour déterminer non seulement la position des sources sonores, mais aussi la direction des sons non diégétiques, comme la musique de fond. En donnant l'impression que ces sons proviennent d'une direction spécifique, l'utilisateur peut être incité à effectuer certaines actions ou à se déplacer dans une direction particulière. Ce mécanisme peut contribuer à la fois à améliorer la navigation dans l'environnement virtuel et à approfondir l'engagement et l'immersion.

Dans l'ensemble, il apparaît que l'intégration de différentes méthodes sonores dans des environnements immersifs est bien plus que la simple somme de leurs parties. En se renforçant et en se complétant mutuellement, elles contribuent à une expérience convaincante et efficace qui atteint l'utilisateur à un niveau plus profond et plus émotionnel.

Nous sommes à l'aube d'une nouvelle ère de l'expérience musicale, dans laquelle la perception auditive va au-delà de la simple écoute et devient une expérience multidimensionnelle. La clé de ce changement de paradigme réside dans des technologies innovantes telles que la réalité virtuelle (VR), la réalité augmentée (AR) et l'audio 3D, qui ont le potentiel de transformer radicalement l'expérience d'écoute et de nous faire entrer dans le monde fascinant de la musique immersive.

Depuis plusieurs décennies, nous sommes déjà familiarisés avec les images 3D, qui nous plongent dans des univers visuels complexes. Mais recréer le son d'une manière tout aussi réaliste et authentique s'est avéré beaucoup plus difficile. Les défis techniques et acoustiques liés à la création de sons en 3D ont occupé les chercheurs et les développeurs pendant des années.

Cependant, la technologie a fait une percée importante : en utilisant l'apprentissage automatique, il a été possible de développer un algorithme capable de générer un son "2.5D". Cet algorithme est capable d'analyser le contenu d'une vidéo et de générer un son spatial qui complète les éléments visuels de la vidéo de manière subtile et convaincante. Il en résulte une expérience auditive encore plus intense et immersive, qui atteint l'auditeur à un niveau plus profond.

L'utilisation de ces technologies avancées nous ouvre de nouvelles possibilités d'exploration et de création de l'expérience musicale. Elles nous permettent d'expérimenter la musique non seulement en tant qu'auditeurs passifs, mais aussi de nous impliquer activement dans le processus créatif en changeant radicalement la manière dont nous écoutons et percevons la musique. Ils représentent un avenir passionnant pour la musique et le design sonore, dans lequel les frontières entre la réalité et la virtualité continuent de s'estomper.
Imaginez une innovation technologique qui vous permette d'assister à un concert en direct dans un espace entièrement virtuel. Un espace dans lequel vous pouvez vous déplacer librement, changer la position des artistes, changer de perspective et percevoir le son sous différents angles et à différentes distances. Ces capacités représentent un changement fondamental dans notre expérience de la musique jusqu'à présent et offrent un niveau d'immersion et d'interactivité sans précédent.

Une approche pionnière pour créer de telles expériences consiste à associer des indices visuels à des enregistrements mono. En utilisant l'apprentissage automatique, le système peut analyser le contenu vidéo et déterminer de quelle direction le son devrait provenir. Il manipule ensuite ce que l'on appelle les différences de temps et de niveau interauriculaires - les différences infimes que nos oreilles perçoivent lorsque nous entendons des sons provenant de différentes directions - afin de créer une illusion sonore spatiale convaincante.

L'effet est une amélioration considérable de l'immersion, qui permet à l'auditeur de s'immerger encore plus profondément dans l'univers musical. On a l'impression que le son ne sort pas seulement des écouteurs dans nos oreilles, mais qu'il flotte dans tout l'espace autour de nous. C'est une expérience remarquable et impressionnante qui abolit la frontière traditionnelle entre l'auditeur et le musicien.

Les possibilités de cette technologie sont impressionnantes et loin d'être pleinement exploitées. Les progrès futurs pourraient par exemple permettre des champs sonores encore plus réalistes, un contrôle plus précis de la position de la source sonore ou même des interactions avec l'environnement virtuel qui influenceraient la reproduction sonore en temps réel. Le son devient ainsi un élément actif de l'expérience utilisateur et ouvre un vaste champ de possibilités pour la création d'expériences musicales dans le futur.

La technologie des expériences audio immersives nous permet d'explorer de nouveaux domaines du divertissement, comme l'industrie du jeu. Grâce à l'application de l'intelligence artificielle et d'algorithmes en temps réel spécialement développés, il devient possible d'élargir significativement l'expérience de jeu en utilisant l'audio 3D. Il est facile d'imaginer comment une bande-son de jeu adaptative, qui réagit aux mouvements du joueur et est jouée de manière synchronisée, peut créer un niveau d'immersion sans précédent. Ce n'est rien de moins que l'avenir de l'expérience musicale telle que nous la connaissons.

Néanmoins, l'introduction de ces technologies de pointe s'accompagne d'un certain nombre de défis. L'un des défis les plus importants est de personnaliser l'expérience musicale. Étant donné que chaque auditeur a des habitudes d'écoute et des préférences uniques, ces aspects doivent être pris en compte afin de garantir une expérience d'écoute optimale. L'intelligence artificielle peut jouer un rôle clé à cet égard en étant utilisée pour analyser les données, identifier des modèles et générer des contenus et des paramètres personnalisés en fonction des besoins individuels de l'utilisateur.

Un autre aspect important est l'intégrité créative. Dans une ère où la technologie et l'IA jouent un rôle de plus en plus important, la question se pose de savoir comment les artistes peuvent réaliser leur vision artistique. Comment faire en sorte que les possibilités technologiques et l'expression artistique ne soient pas en contradiction ? Il est essentiel que les artistes continuent à poursuivre leurs objectifs artistiques et considèrent la technologie comme un outil qui les aide à les atteindre, et non comme une barrière. En trouvant le bon équilibre entre la créativité artistique et l'innovation technologique, l'avenir de l'expérience musicale peut être à la fois enrichissant et épanouissant.

Une application particulièrement fascinante de l'intelligence artificielle dans le domaine de la production musicale réside dans la création de paysages sonores. Grâce à l'utilisation d'algorithmes d'IA sophistiqués, il est possible de générer des sons jusqu'alors inaccessibles ou inconnus. L'éventail des possibilités s'étend alors de textures atmosphériques époustouflantes, dont la complexité et la diversité enchantent l'oreille humaine, à des paysages sonores surréalistes qui dépassent notre imagination actuelle. Cette technologie nous permet d'explorer de nouvelles dimensions émotionnelles et sonores et d'élargir notre compréhension de la musique et du son.

Par ailleurs, l'application de l'IA à la production musicale offre également un énorme potentiel pour l'automatisation de processus longs et complexes, comme le mixage et le mastering du son. L'application d'algorithmes avancés nous permet de simplifier le processus d'optimisation et d'ajustement du son tout en obtenant des résultats de haute qualité. Cette évolution peut avoir un impact considérable sur l'efficacité de la production musicale. Non seulement nous pouvons économiser un temps et des ressources précieux, mais nous avons également la possibilité de nous concentrer davantage sur l'expression créative et la conception de la musique, plutôt que de nous laisser distraire par les défis techniques. En fin de compte, cela pourrait changer profondément la manière dont la musique est produite et vécue.

Un domaine particulièrement captivant ouvert par l'utilisation de l'intelligence artificielle dans la production musicale est celui de la création musicale interactive. Ici, l'intégration des technologies d'IA et des données en temps réel permet de créer des compositions musicales capables de réagir aux réactions et interactions immédiates du public ou de l'utilisateur individuel. Ce degré d'interactivité et de réactivité modifie les paradigmes de la performance musicale traditionnelle et ouvre des perspectives entièrement nouvelles pour les performances en direct, les installations artistiques interactives et les applications musicales. Dans de tels scénarios, le public n'est plus seulement un consommateur passif de la performance musicale, mais participe activement à la création de l'expérience musicale.

Un autre aspect intéressant est le potentiel de l'IA en tant que partenaire créatif dans la collaboration avec les artistes. Au lieu de considérer l'IA uniquement comme un outil d'amélioration de l'efficacité ou d'automatisation, nous pouvons la considérer comme un collaborateur créatif capable d'offrir de nouvelles perspectives et inspirations. L'intelligence artificielle, dotée de la capacité de reconnaître et d'analyser des modèles complexes dans des quantités massives de données, peut aider les artistes à repousser leurs limites créatives, à explorer de nouvelles voies artistiques et à faire progresser leur développement artistique d'une manière qui ne serait pas possible sans cette technologie. Cela souligne la synergie passionnante qui se produit lorsque la créativité humaine et l'intelligence artificielle se rencontrent, et qui nous conduit vers de nouveaux domaines inconnus de la création artistique.

Les développements progressifs dans le domaine de l'intelligence artificielle soulèvent inévitablement des questions importantes et parfois controversées. L'une des questions centrales est de savoir comment le rôle des musiciens évolue dans un monde où la production et la performance musicales sont de plus en plus assistées, voire contrôlées, par des systèmes d'IA. En outre, il est essentiel de réfléchir à la manière dont nous pouvons garantir que la créativité et l'expression humaines continuent à jouer un rôle central et ne soient pas marginalisées malgré ces avancées technologiques.

Dans le monde en constante évolution de l'intelligence artificielle, nous assistons à une innovation passionnante : l'introduction de modèles IA qui font preuve d'une compréhension approfondie de l'environnement acoustique qui nous entoure. Trois modèles récemment développés - Visual-Acoustic Matching, Visually-Informed Dereverberation et VisualVoice - visent à rendre le son encore plus authentique dans les expériences de réalité mixte et virtuelle.

L'importance de l'acoustique ne doit pas être sous-estimée lorsqu'il s'agit de savoir comment nous percevons le son dans le contexte du Metaverse ou d'espaces virtuels similaires. Ces modèles peuvent servir de clés pour rendre la frontière entre réalité virtuelle et physique encore plus floue, en générant des sons réalistes de haute qualité.
Visual-Acoustic Matching, par exemple, utilise l'apprentissage automatique pour mettre en corrélation les données visuelles et acoustiques. En interprétant l'environnement visuel, ce modèle peut prédire les effets acoustiques et créer ainsi une expérience plus cohérente et plus immersive. Visually-Informed Dereverberation, quant à lui, utilise des indices visuels pour éliminer les effets de réverbération gênants des enregistrements audio, ce qui permet une reproduction sonore plus claire et plus précise.

Le troisième modèle, VisualVoice, crée un paysage sonore 3D haute résolution qui améliore encore l'expérience sonore immersive dans la réalité virtuelle. Il prend en compte la disposition spatiale des sources sonores et simule la manière dont ces sons se propageraient dans un environnement réel.

L'intelligence artificielle jouera un rôle central dans la création d'une qualité sonore réaliste dans les environnements virtuels. Grâce à ces modèles, les développeurs pourront créer des paysages sonores avec une plus grande précision et une fidélité sonore réaliste. On s'attend à ce que ces développements révolutionnent le domaine de la réalité virtuelle et mixte et marquent le début d'une nouvelle ère de paysages sonores immersifs.

Une collaboration entre des chercheurs en IA et des spécialistes de l'audio, ainsi que des chercheurs de l'Université du Texas à Austin, a permis de développer trois nouveaux modèles de compréhension audio-visuelle. Cette avancée vise à fournir aux développeurs des outils permettant une compréhension plus approfondie du langage et des sons humains dans les vidéos. Avec ce travail, ils espèrent permettre une avancée rapide vers une réalité encore plus immersive.

Visualisez-vous lors d'une fête au Metaverse, où le son est parfaitement mixé, ou en train de regarder un film à domicile dans votre salon, amélioré par des lunettes de réalité augmentée (AR). Dans les deux situations, l'acoustique joue un rôle crucial dans la création de votre expérience. Le son peut créer des ambiances, évoquer des souvenirs et renforcer le réalisme d'une scène.

Ces trois modèles sont des éléments centraux de la recherche en IA dans le domaine de la perception audio-visuelle et sont au cœur des efforts visant à concevoir un avenir dans lequel les gens pourraient porter des lunettes AR et revivre des souvenirs holographiques avec une audiovision complète. Ils pourraient percevoir l'expérience exactement comme ils l'ont vécue à l'origine de leur propre point de vue. De même, les joueurs pourraient s'immerger plus profondément dans les mondes virtuels en étant fascinés à la fois par les graphismes et les sons.

Ces modèles sont essentiels pour nous rapprocher de l'objectif de créer des expériences multimodales et immersives qui réduisent l'écart entre les mondes virtuels et physiques et nous rapprochent d'une fusion totale entre la réalité et la virtualité.

L'un de ces modèles remarquables est le modèle Visual-Acoustic Matching. Quiconque a déjà vu une vidéo dans laquelle le son ne correspond pas à la scène peut comprendre à quel point cela peut être distrayant et gênant. C'est en gardant ce problème à l'esprit qu'a été développé AViTAR, un modèle auto-contrôlé pour le Visual-Acoustic Matching. Il vise à adapter le son à l'espace d'une image cible spécifique. Ce modèle est capable d'apprendre l'appariement acoustique à partir d'enregistrements vidéo sur Internet, et ce malgré le défi que représente l'absence de contenu audio acoustiquement non adapté et de données non étiquetées. Cela montre le potentiel de l'apprentissage automatique dans le développement de technologies visant à fournir une perception audio-visuelle riche, immersive et précise.

Une application potentielle qui pourrait être d'une grande importance à l'avenir est de revivre des souvenirs d'une manière très immersive et authentique. Imaginez que vous mettiez des lunettes AR et que vous regardiez un objet associé à un souvenir particulier. Cette technologie pourrait vous permettre de rejouer ce souvenir avec un niveau de détail impressionnant. En le regardant, un hologramme du spectacle de ballet de votre enfant pourrait apparaître, et le son transmis par vos lunettes AR reproduirait le souvenir exactement comme vous l'avez vécu. Vous pourriez avoir l'impression d'être à nouveau assis dans le public exactement à l'endroit où vous étiez à l'époque. Ce serait une grande avancée dans la manière dont nous pouvons revivre et partager des souvenirs.

Un autre modèle révolutionnaire dans ce domaine est le modèle de dénervation visuelle informée. Ce modèle utilise une approche similaire à l'apprentissage chez les humains - l'apprentissage multimodal. Il fait appel à la fois à des indices visuels et auditifs provenant de vidéos non étiquetées afin de réaliser une séparation audio-visuelle efficace de la parole. Imaginez un scénario futur dans lequel vous participez à une réunion de groupe en métaverse impliquant des collègues du monde entier. Au lieu que les conversations se mélangent et que l'acoustique devienne chaotique, le temps de réverbération et l'acoustique pourraient s'adapter de manière dynamique à mesure que les participants se déplacent dans l'espace virtuel et forment des groupes plus petits. Cela améliorerait considérablement l'expérience d'écoute et assurerait une communication efficace.

Enfin, le modèle VisualVoice est également un élément clé de ce développement technologique. Il a montré qu'il pouvait bien se généraliser à des vidéos sophistiquées issues de scénarios réels. Ce modèle montre le potentiel de l'IA dans la création d'expériences virtuelles immersives et proches de la réalité. Les progrès dans ce domaine sont passionnants et nous permettent d'attendre avec impatience ce que l'avenir nous réserve.

Ces modèles d'IA inédits permettent une immersion acoustique encore plus profonde et l'exploration de nouvelles approches créatives pour la conception de sons dans les mondes virtuels. Ils soulignent les possibilités offertes par l'intelligence artificielle pour rendre l'expérience musicale encore plus captivante et plus proche de la réalité.

Il ne fait aucun doute que l'avenir de l'expérience musicale sera façonné par des technologies telles que l'audio 3D et la réalité virtuelle immersive. L'utilisation de l'intelligence artificielle nous permet de relever les défis liés à ces innovations révolutionnaires et de découvrir de nouvelles façons créatives de façonner le son et de révolutionner l'expérience musicale.

De nombreuses nouvelles portes s'ouvrent dans des domaines tels que la génération de musique assistée par l'IA et la conception sonore des jeux vidéo. Les bandes sonores dynamiques qui s'adaptent en temps réel aux actions des joueurs offrent une expérience de jeu unique. La musique générée de manière procédurale apporte de la diversité et de la variation dans les paysages sonores des jeux. La musique basée sur les émotions renforce l'impact émotionnel des scènes de jeu. Les effets sonores générés par l'IA créent des expériences audio réalistes et immersives. Différents outils et technologies, comme Google Magenta, aident à réaliser la musique et le design sonore générés par l'IA dans les jeux vidéo. L'avenir de l'expérience musicale dans les jeux promet, grâce à l'utilisation de l'intelligence artificielle, d'offrir des expériences audio encore plus passionnantes et captivantes.

Des chercheurs du Massachusetts Institute of Technology (MIT) et du MIT-IBM Watson AI Lab étudient l'utilisation d'informations acoustiques spatiales pour permettre aux machines de mieux comprendre leur environnement. Ils ont développé un modèle d'apprentissage automatique capable d'appréhender la manière dont un son va se propager dans une pièce. Le modèle peut ainsi simuler ce qu'un auditeur entendrait à différents endroits.

En modélisant précisément l'acoustique d'une scène, le système peut apprendre la géométrie 3D sous-jacente d'une pièce à partir d'enregistrements sonores. Les chercheurs peuvent utiliser les informations acoustiques que leur système recueille pour créer des représentations visuelles précises d'une pièce. Cela ressemble à la manière dont les gens utilisent le son pour évaluer les caractéristiques de leur environnement physique.

Le modèle qu'ils ont développé utilise le fait que le son est réciproque, donc si la source d'un son et un auditeur échangent leurs positions, ce que la personne entend ne change pas. De plus, ce que l'on entend dans une zone donnée est fortement influencé par des caractéristiques locales, comme par exemple un obstacle entre l'auditeur et la source sonore. Ces deux facteurs sont intégrés dans leur modèle, appelé "Neural Acoustic Field" (NAF).

Cette recherche révolutionnaire pourrait non seulement changer la manière dont nous faisons l'expérience auditive des espaces et dont nous les modélisons, mais aussi avoir des répercussions importantes sur le développement de la réalité virtuelle et de la réalité augmentée. Elle pourrait également contribuer à ce que l'intelligence artificielle développe une meilleure compréhension de son environnement.

Cette avancée dans la recherche sur l'IA illustre une fois de plus la profondeur des synergies possibles lorsque nous sommes prêts à dépasser les limites et à explorer de nouveaux horizons. Il montre également comment l'intelligence artificielle peut élargir et affiner notre perception et notre compréhension du monde, en nous offrant de nouvelles possibilités de capturer, de modéliser et d'interpréter le son. C'est une nouvelle étape passionnante dans notre voyage commun vers l'avenir de l'IA et de la musique.

# Chapitre 6 :

## IA et création musicale :
## Collaboration entre l'homme et l'IA

La fusion de l'intelligence artificielle (IA) et de la musique ouvre un monde de possibilités étonnantes pour la création artistique. Un nombre sans cesse croissant de musiciens et de compositeurs reconnaissent l'énorme potentiel des systèmes d'IA, qui agissent non seulement comme des outils, mais aussi comme des partenaires créatifs pour faire émerger des idées et des inspirations originales.

La création d'une chanson ou d'une symphonie n'est plus seulement un acte humain, elle est désormais enrichie par la relation unique entre l'homme et l'algorithme d'IA. Les systèmes d'IA fournissent des parcours musicaux imprévisibles et innovants qui invitent les artistes à repousser leurs limites créatives et à découvrir de nouvelles formes d'expression.

L'improvisation, un élément fondamental de nombreuses traditions musicales, prend une toute nouvelle dimension grâce à l'implication de l'IA. L'IA peut reconnaître des modèles que nous, humains, ne rencontrerions pas immédiatement et les transformer en temps réel en harmonies et mélodies fascinantes, jamais entendues auparavant.

Les systèmes d'IA peuvent également servir de source d'inspiration pour de nouveaux processus créatifs. Ils peuvent aider les musiciens à s'affranchir des modèles établis et à explorer l'inconnu. Ils peuvent créer de nouveaux sons et paysages sonores qui enrichissent et élargissent l'imagination humaine.

Alors que nous explorons le potentiel des systèmes d'IA dans la création musicale, nous devons reconnaître que les bases de leurs capacités créatives résident dans les données créées et fournies par les humains. La "nouvelle" musique générée par l'IA repose en réalité sur l'analyse, le traitement et la réorganisation de modèles et de structures musicales existants.

Cela soulève une question complexe et importante : Les systèmes d'IA peuvent-ils réellement créer quelque chose de totalement original et unique ? Si toute leur production créative est basée sur des œuvres humaines préexistantes, risquons-nous de nous retrouver dans un monde de chambres d'écho créatives, où personne n'innove vraiment et où l'art ne repose que sur la reconstruction de ce qui existe déjà ?

Ces réflexions mettent en avant la valeur de la créativité humaine et de l'esprit d'originalité et nous invitent à remettre en question et à réévaluer nos idées sur la créativité et l'innovation. C'est un domaine qui nous incite à reconsidérer plus profondément le rôle unique que jouent les artistes dans la création musicale et l'importance de la collaboration homme-machine. Dans la création musicale, les systèmes d'IA agissent souvent comme des outils placés sous la direction des musiciens. Ils étendent les capacités créatives des musiciens, les aident à générer des idées, fournissent des harmonies alternatives ou génèrent des variations rythmiques. Ils servent en quelque sorte d'intuition musicale étendue, aidant le musicien à élargir son potentiel créatif et à explorer de nouveaux paysages musicaux.

Ces partenaires IA créatifs sont comme une muse, toujours prête à présenter de nouvelles idées et à inspirer le musicien. Ils élargissent non seulement les horizons créatifs, mais aussi les possibilités d'expérimentation musicale. L'IA peut aider à franchir les frontières et à explorer de nouvelles formes d'expression musicale en suggérant des harmonies ou des rythmes inattendus que le musicien n'aurait peut-être pas envisagés. Il s'agit là d'une fusion intéressante entre la créativité humaine et l'intelligence machine, qui peut élargir le champ de la création musicale dans des directions nouvelles et passionnantes.

Un exemple fascinant de symbiose entre les musiciens et les systèmes d'IA se manifeste dans l'utilisation d'assistants de composition contrôlés par l'IA. De tels assistants peuvent aider les musiciens dans le processus de composition en proposant des idées potentielles de mélodies, d'harmonies et d'arrangements.

Les musiciens peuvent dialoguer avec ces systèmes d'IA, les guider avec des instructions spécifiques ou indiquer les ambiances et les styles souhaités. En réaction, l'IA génère alors de nouveaux éléments musicaux. Ces éléments ne sont pas des produits finis, mais plutôt des points de départ qui peuvent être repris, développés et affinés par le musicien.

De cette manière, l'IA devient une sorte de sparring-partner créatif qui permet au musicien de penser en dehors des sentiers battus de la musique, tout en préservant constamment sa propre expression créative. Cela ouvre de toutes nouvelles perspectives dans la création musicale et élargit l'espace d'épanouissement créatif.

Une autre facette fascinante de la symbiose entre les musiciens et les systèmes d'IA se révèle dans l'improvisation. L'improvisation, qui fait partie intégrante de nombreux genres musicaux, exige beaucoup de créativité et de spontanéité. Dans ce contexte, les systèmes d'IA peuvent servir d'acteurs créatifs, générant des idées musicales en temps réel et allumant ainsi la flamme créative du musicien.

L'intégration de l'IA dans les performances en direct ouvre un vaste champ de nouvelles possibilités créatives. Les musiciens peuvent ainsi élargir leur horizon d'improvisation et s'engager dans des voies expérimentales qui semblaient auparavant inaccessibles. Cette interaction entre les musiciens et l'IA donne ainsi naissance à de toutes nouvelles formes d'expression musicale et de liberté créative.

Pour conclure, il convient de souligner que la symbiose entre les musiciens et les systèmes d'IA ne constitue en aucun cas une substitution à la créativité et à l'expressivité humaines, mais qu'elle doit plutôt être considérée comme une extension et un renforcement de ces aspects. L'intuition humaine et le lien émotionnel avec la musique restent irremplaçables et incomparables dans leur singularité.

Toutefois, l'intelligence artificielle offre aux artistes une palette d'instruments passionnants qui donnent de nouvelles impulsions créatives, fournissent des idées peu orthodoxes et enrichissent ainsi le processus créatif de multiples façons.

# Chapitre 7

## La fusion créative de l'IA et de la musique humaine

La symbiose fascinante entre l'intelligence artificielle (IA) et la musique humaine est devenue un domaine de recherche passionnant qui redéfinit les frontières entre la technologie et la créativité artistique. Dans le cadre de nombreux projets et expériences à travers le monde, artistes et scientifiques explorent l'interaction entre les modèles d'IA et les musiciens afin de créer ensemble des morceaux de musique innovants. Cette collaboration d'avant-garde révèle une richesse impressionnante de possibilités musicales et élargit les contours de la création musicale traditionnelle.

L'introduction de l'IA dans le processus créatif permet aux musiciens d'exploiter les remarquables capacités de cette technologie et de s'en inspirer. Les modèles d'IA sont capables d'analyser d'énormes quantités de données de matériel musical, tout en reconnaissant et en apprenant des modèles, des styles et des contextes complexes. Ces connaissances acquises peuvent servir de source d'inspiration précieuse pour fournir de nouvelles idées aux musiciens humains et les aider à développer des mélodies, des harmonies et des rythmes. Le travail collaboratif avec les systèmes d'IA permet aux musiciens d'élargir leur expression artistique et d'explorer des voies inexplorées de la créativité.

Un exemple remarquable de symbiose créative entre l'IA et la musique humaine est le projet "Flow Machines", initié par le Sony Computer Science Laboratory. Ici, des modèles d'IA sont utilisés pour aider les musiciens à générer des morceaux de musique dans différents styles. L'IA analyse une vaste collection de morceaux de musique dans un style donné, puis génère de nouvelles idées musicales qui sont reprises, étendues et affinées par les musiciens humains. Cette approche coopérative permet aux musiciens de profiter de l'intelligence créative de l'IA tout en intégrant leur propre vision artistique.

Un autre exemple fascinant de l'association de l'IA et de la musique humaine est l'utilisation d'instruments contrôlés par l'IA. Ces instruments de haute technologie utilisent des algorithmes et des techniques avancés pour générer des sons qui peuvent être modulés et joués par des musiciens humains. La fusion des capacités de l'IA et des techniques de jeu humaines crée des paysages sonores uniques et innovants qui dépassent les limites traditionnelles des instruments de musique traditionnels.

La "musique générative", dans laquelle l'IA crée de manière autonome de nouveaux morceaux de musique prédéfinis par certains paramètres, tels que le genre ou l'ambiance, constitue un concept totalement nouveau. Certains artistes utilisent déjà cette technologie pour explorer de nouveaux paysages sonores et élargir leur musique de manière innovante. Toutefois, la fusion créative de l'IA et de la musique humaine pose également de nouveaux défis. Il s'agit notamment de questions relatives à l'originalité et à l'authenticité artistiques, ainsi qu'au rôle de la création humaine dans un monde de plus en plus imprégné de technologie. Il est essentiel de trouver une approche équilibrée qui exploite les capacités impressionnantes de l'IA sans pour autant masquer ou remplacer l'expression individuelle et la vision artistique des musiciens humains.

La fusion inspirante de l'IA et de la musique humaine crée de nouveaux espaces passionnants dans le paysage musical. La technologie et la créativité allant de pair, des territoires musicaux inconnus s'ouvrent à l'exploration. Les artistes peuvent utiliser les idées musicales inépuisables générées par les modèles d'IA pour enrichir et élargir leur propre vision artistique. L'intégration de l'IA dans le processus de création potentialise le potentiel artistique et permet aux musiciens de créer des compositions uniques basées sur une combinaison harmonieuse de la technologie et de l'inspiration humaine.

Un aspect à multiples facettes de l'intégration de l'IA dans la musique humaine est la collaboration en temps réel avec des modèles d'IA. Les systèmes d'IA peuvent être utilisés pendant les représentations en direct et les concerts pour créer un niveau d'interactivité et d'immersion sans précédent. Par exemple, les algorithmes basés sur l'IA peuvent contrôler les lumières et les effets visuels en temps réel afin d'intensifier et de renforcer l'atmosphère et les émotions de la musique. L'IA peut en outre être utilisée pour personnaliser l'expérience acoustique de chaque auditeur, en créant un paysage sonore sur mesure pour chaque personne assistant à un concert. Quelle que soit sa position dans la salle de concert, chaque auditeur bénéficie ainsi d'une expérience sonore individuelle et optimisée sur le plan acoustique.

Une autre application remarquable est le mixage assisté par IA pour les groupes. Au lieu d'avoir besoin d'un ingénieur du son pour mixer le son pendant une prestation en direct, il est possible de faire appel à des modèles d'IA pour optimiser le mixage en temps réel. L'IA analyse les signaux audio de chaque instrument et ajuste automatiquement le volume, la qualité sonore et la balance afin de produire un son harmonieux et de haute qualité. Cette technologie améliore non seulement la qualité sonore du son en direct, mais permet également aux groupes de se produire sans ingénieur du son, ce qui présente des avantages à la fois financiers et logistiques.

En outre, la fusion innovante de l'IA et de la musique humaine ouvre la voie à la création en temps réel d'effets visuels synchronisés avec la musique. Les algorithmes basés sur l'IA sont capables de générer et de projeter des éléments visuels en temps réel, ce qui donne lieu à un spectacle scénique immersif et captivant. Ces représentations visuelles interactives intègrent le public à l'action musicale et offrent une expérience inoubliable qui va bien au-delà de la simple écoute de la musique. L'association d'éléments visuels et acoustiques crée une expérience multisensorielle qui révolutionne le format traditionnel des concerts.

Malgré les nombreux avantages qu'apporte la fusion de l'IA et de la musique humaine, nous ne devons pas négliger les aspects éthiques qui accompagnent ce travail de pionnier. Il est indispensable que l'utilisation des technologies d'IA dans l'industrie musicale se fasse de manière transparente et responsable. La protection des données et de la vie privée doit absolument être garantie, en particulier lorsque les algorithmes d'IA sont utilisés pour une expérience acoustique personnalisée. En outre, les artistes et les musiciens devraient bénéficier d'une participation équitable aux résultats, afin de garantir que leur travail artistique et leur contribution soient suffisamment reconnus et protégés.

La fusion créative de l'intelligence artificielle et de la musique humaine ouvre de nouvelles dimensions passionnantes pour l'industrie musicale. La collaboration harmonieuse entre des modèles d'IA et des musiciens humains révèle un domaine inexploré de l'innovation artistique et de l'exploration créative. Cela permet aux musiciens d'élargir leur expression artistique, de dépasser les limites et de découvrir des horizons jusqu'alors insoupçonnés. La collaboration avec des systèmes d'IA peut donner lieu à des résultats musicaux fascinants qui ne pourraient pas être atteints par la seule créativité humaine.

En outre, cette fusion innovante de l'IA et de la musique humaine offre la possibilité d'explorer de nouveaux genres et styles musicaux. Les modèles d'IA peuvent analyser les traits caractéristiques de différents genres musicaux et les combiner de manière non conventionnelle afin de créer des compositions uniques et expérimentales. Cette technologie permet aux musiciens de dépasser les frontières traditionnelles des genres et de créer des formes d'expression artistique inédites.

Le projet "Amper Music" est un exemple impressionnant de cette collaboration créative entre l'IA et la musique humaine. Il s'agit d'utiliser l'IA pour générer des morceaux de musique personnalisés pour différents contenus médiatiques, tels que des musiques de films ou des jingles publicitaires. Les artistes et les musiciens peuvent interagir avec le système d'IA et apporter leurs idées créatives, tandis que la technologie d'IA fournit le cadre musical et aide à créer l'ambiance et l'atmosphère souhaitées.

Il est toutefois crucial de souligner que la fusion créative de l'IA et de la musique humaine ne remplace pas la créativité humaine, mais l'enrichit et la soutient. L'interprétation humaine, la profondeur émotionnelle et l'intuition artistique restent des éléments indispensables à la création musicale. L'IA peut inspirer les musiciens et leur montrer de nouvelles voies créatives, mais en fin de compte, c'est la perspective et l'expression humaines uniques qui rendent la musique si captivante et émouvante.

L'avenir de cette fusion créative entre l'IA et la musique humaine est extrêmement prometteur. Au fur et à mesure de l'évolution de la technologie de l'IA, de nouvelles portes s'ouvriront constamment, donnant lieu à des possibilités de collaboration sans précédent entre les modèles d'IA et les musiciens humains. Cela donnera naissance à des chefs-d'œuvre musicaux qui ne manqueront pas de nous émerveiller. Il est primordial de garder à l'esprit les opportunités et les défis émergents de cette évolution et de veiller à ce que l'intégration de l'IA dans le monde de la musique se fasse dans le respect de l'éthique et de la reconnaissance des réalisations artistiques.

Globalement, la fusion créative de l'intelligence artificielle et de la musique humaine marque une ère fascinante de la création musicale. Cette collaboration unique entre la technologie avancée et la créativité humaine donne naissance à des œuvres musicales innovantes et révolutionnaires qui ont le potentiel de modifier et d'élargir durablement le paysage musical.
La question de savoir quelles nouvelles possibilités et découvertes nous attendent encore dans cette interface passionnante entre l'IA et la musique humaine reste toutefois passionnante. Peut-être verrons-nous apparaître une nouvelle génération d'artistes à la fois musicaux et technologiques, capables de combiner les capacités de l'IA et de la créativité humaine pour créer des expériences musicales entièrement nouvelles. Ou peut-être verrons-nous les systèmes d'IA contribuer à repousser les limites de la production et de la distribution musicales, en rendant la musique plus accessible et plus personnalisée.

Quelle que soit la direction que prendra cette évolution, il est certain que la fusion créative de l'IA et de la musique humaine nous apportera une multitude de nouvelles découvertes et d'expériences musicales passionnantes. Et tandis que nous poursuivons ce voyage vers l'avenir de la musique, nous ne devons jamais oublier qu'en fin de compte, ce sont la passion, la créativité et le talent des musiciens humains qui confèrent à la musique sa magie unique et son charme irrésistible.

# Chapitre 8

## L'avenir de la créativité musicale :
## Émotions humaines et innovation mécanique

L'association de l'émotion humaine, de l'intelligence artificielle et de la création d'expériences musicales uniques représente un domaine fascinant qui façonnera considérablement la forme future de l'industrie musicale. Les progrès réalisés dans le domaine de l'"affective computing" et la capacité croissante de l'intelligence artificielle à reconnaître et à interpréter les émotions humaines offrent des potentiels inédits pour la création et l'interprétation de la musique.

La détection des émotions dans la musique par l'intelligence artificielle constitue un champ de recherche passionnant qui pourrait avoir un impact considérable sur l'industrie musicale. La musique a un impact émotionnel intense sur nous, elle est capable de nous faire rire, pleurer ou réfléchir. La capacité des algorithmes d'intelligence artificielle à identifier et à comprendre ces émotions ouvre de nouveaux horizons pour des expériences musicales personnalisées et contextuelles.
Actuellement, les grands services de musique en streaming comme Spotify et Deezer utilisent déjà des algorithmes d'IA pour analyser les préférences musicales de leurs utilisateurs et fournir des recommandations musicales personnalisées. Ces algorithmes s'orientent sur les émotions et les sentiments que la musique déclenche chez les auditeurs. Toutefois, la question des émotions déclenchées par la musique est complexe et hautement subjective.
La même chanson peut susciter des émotions différentes chez des personnes différentes. La chanson "Happy Birthday" en est un exemple. Elle peut déclencher des sentiments de bonheur chez certaines personnes, alors qu'elle provoque des sentiments de tristesse chez d'autres, par exemple lorsqu'elle leur rappelle des êtres chers décédés.

La manière dont nous percevons la musique et les émotions qu'elle déclenche en nous dépendent fortement de facteurs individuels. Il s'agit notamment des goûts musicaux, du contexte culturel et de la langue de la chanson, mais aussi du contexte dans lequel la musique est écoutée et des associations personnelles qui y sont liées. Représenter cette complexité et cette subjectivité dans les algorithmes d'IA sera un défi majeur pour créer des expériences musicales encore plus personnelles et résonnantes sur le plan émotionnel.

Pour identifier avec succès les émotions dans la musique, il faut des modèles robustes et personnalisés. Des groupes de recherche comme le groupe de recherche en technologie musicale (MTG) de l'université Pompeu Fabra développent en permanence des concepts permettant de caractériser la musique sur le plan émotionnel et de mieux l'adapter aux besoins individuels. Ils utilisent à cet effet des algorithmes d'intelligence artificielle pour identifier les composantes émotionnelles de la musique et les associer à des états émotionnels spécifiques.

La recherche "Music Emotion Recognition" (MER), qui combine des connaissances et des techniques issues de domaines tels que les neurosciences, le traitement du signal, l'apprentissage automatique, la théorie musicale et la psychologie musicale, n'en est qu'à ses débuts. Le développement adéquat d'algorithmes MER nécessite une recherche intensive et continue afin de prendre en compte à la fois la subjectivité des émotions dans la musique et la diversité culturelle des expériences musicales.

Parallèlement, les questions éthiques liées à l'utilisation d'algorithmes d'IA pour la reconnaissance des émotions dans la musique doivent être abordées. Des questions telles que la protection des données, les éventuels préjugés systématiques à l'égard de certains groupes d'auditeurs et l'impact potentiel sur le bien-être des personnes doivent être examinées avec soin. Les visions d'avenir prévoient des algorithmes capables de prédire nos réactions émotionnelles aux compositions musicales, voire de générer dynamiquement de la musique qui s'adapte à l'humeur de nos conversations. Imaginez un algorithme capable de prédire avec précision les émotions qu'un certain style de musique déclenchera en vous et qui vous aidera ainsi à choisir la musique la plus adaptée à votre humeur et à vos besoins du moment.

L'intégration de l'IA dans la création musicale pourrait donner lieu à des expériences musicales dynamiques, dans lesquelles la musique s'adapte en temps réel à nos états émotionnels. Cela pourrait par exemple être utilisé dans des environnements musicaux interactifs ou dans la musicothérapie. La combinaison de l'IA et de la créativité musicale ouvre de nouvelles voies pour comprendre, exprimer et vivre les émotions.

Il existe toutefois des défis et des préoccupations éthiques à prendre en compte dans le cadre de l'utilisation d'algorithmes d'IA dans l'industrie musicale. La protection des données et de la vie privée revêt une grande importance, car le traitement des données émotionnelles est sensible et doit être géré avec soin. En outre, les algorithmes devraient être conçus de manière à ne pas servir exclusivement des intérêts commerciaux, mais à prendre en compte le bien-être et les besoins individuels des auditeurs.

En outre, le rôle de la créativité humaine et de la vision artistique dans la musique doit être apprécié à sa juste valeur. Les algorithmes d'IA peuvent aider à reconnaître et à comprendre les émotions dans la musique, mais ils ne peuvent pas remplacer l'originalité et l'expressivité humaines.

L'Affective Computing, qui implique la capacité des ordinateurs à détecter et à simuler correctement les émotions humaines, est un domaine en plein essor de la recherche en intelligence artificielle. Grâce à l'utilisation de méthodes avancées telles que le "machine learning" et le "deep learning", les algorithmes intelligents sont de plus en plus capables d'analyser et d'interpréter les images, ce qui constitue une base essentielle pour la compréhension des émotions.
Cela constitue la base pour le développement de formes d'expression musicale spécialement adaptées à la résonance émotionnelle de l'auditeur. Un domaine d'application important de l'Affective Computing se trouve dans la robotique. Dans ce secteur, les robots utilisés dans des domaines tels que la rééducation et les soins peuvent interpréter correctement les sentiments et les émotions humaines et y réagir. Dans le secteur de la musique, cette technologie contribue à créer des expériences musicales uniques, adaptées aux besoins émotionnels individuels et aux préférences des auditeurs.

Des algorithmes intelligents pourraient par exemple analyser l'humeur et l'état émotionnel des auditeurs et adapter la musique en conséquence afin de créer une connexion émotionnelle plus profonde. Ils offrent également des possibilités de personnalisation des expériences musicales. En analysant les données biométriques telles que le rythme cardiaque, les schémas de mouvement et la température de la peau, la musique peut être adaptée à l'état émotionnel de l'auditeur. Ainsi, la musique pourrait non seulement servir de moyen de divertissement, mais aussi être utilisée comme outil thérapeutique, par exemple pour aider à réduire le stress, réguler les émotions ou renforcer les humeurs positives.

L'exploration de formes d'expression musicale qui dépassent les capacités humaines traditionnelles constitue une autre évolution passionnante. L'intelligence artificielle peut nous aider à créer de la musique qui dépasse les limites de l'imagination humaine. En analysant de nombreuses données musicales et en reconnaissant des modèles, les algorithmes d'IA peuvent générer de nouvelles idées mélodiques et harmoniques qui n'auraient peut-être pas été découvertes par des compositeurs humains. Cela ouvre de nouvelles perspectives pour la créativité musicale et nous permet d'accéder à des mondes sonores encore inexplorés.

L'intégration de l'intelligence artificielle (IA) dans la créativité musicale soulève effectivement quelques questions. On craint que l'utilisation d'outils de génération par l'IA ne conduise à une production musicale superficielle et arbitraire, qui occulte la vision artistique individuelle et la profondeur émotionnelle. Les algorithmes d'IA peuvent produire de la musique qui correspond aux tendances et aux préférences actuelles, mais le risque existe de perdre l'unicité de la vision artistique et la complexité émotionnelle.

La musique est depuis longtemps un moyen d'expression émotionnelle pour l'homme. Les artistes transforment des sentiments tels que la tristesse, la colère et la joie en paroles et en mélodies, et partagent leurs compositions dans l'espoir de toucher d'autres personnes qui vivent des émotions similaires. C'est la beauté de la musique - elle permet à l'émotion présente dans les phrases musicales de transmettre des idées à d'autres personnes partageant les mêmes idées, créant ainsi un échange d'idées sans paroles.

Avec le développement rapide de nouvelles technologies telles que l'IA, des postes autrefois occupés par des humains sont remplacés par des algorithmes hautement optimisés et bien formés, qui travaillent avec une efficacité remarquable. L'impact de l'IA a été énorme, avec des améliorations dans des secteurs allant des soins de santé aux transports grâce au développement constant d'algorithmes plus efficaces. Et l'IA est loin d'avoir atteint son pic de performance - elle croît et se développe rapidement.

Des projets comme MuseNet d'OpenAI utilisent de puissants réseaux neuronaux profonds pour créer des compositions musicales de quatre minutes générées par ordinateur. Formé sur un nombre énorme de fichiers MIDI, MuseNet peut actuellement utiliser dix instruments différents dans ses compositions et est capable de reproduire et d'intégrer des aspects de différents genres comme la country ou le rock. Bien que cela soit impressionnant, on peut se demander si c'est vraiment la même chose que de la musique faite par l'homme.

La capacité de l'IA à générer de la musique d'une manière distincte des processus de pensée humains conventionnels peut repousser les limites créatives actuelles. Cela pourrait conduire à de nouvelles avancées dans des domaines tels que la théorie musicale ou même stimuler le développement de nouveaux genres de musique générée par l'IA. Par conséquent, le manque d'influence humaine peut conduire à l'exploration de nouvelles frontières musicales, menant à la découverte de concepts musicaux que les humains pourraient utiliser dans leurs propres compositions.

Avec la croissance rapide actuelle de l'IA, il ne semble pas absurde d'envisager la possibilité que l'IA puisse un jour développer une intelligence émotionnelle au même niveau que l'homme, ce qui lui permettrait d'imprégner ses créations musicales de l'émotion qui rend la musique humaine si agréable. Mais pour l'instant, l'expression émotionnelle existe comme un fossé qui sépare les compositions générées par l'IA de celles créées par l'homme, avec le développement quotidien de nouvelles technologies qui comblent lentement ce grand écart.

L'intelligence artificielle (IA) a fait des progrès considérables dans différents secteurs, des soins de santé à la finance, et modifie désormais la manière dont nous percevons la musique et interagissons avec elle. L'IA dans la robotique musicale émotionnelle est un domaine émergent qui vise à améliorer la connexion émotionnelle à travers la musique. Cette technologie a le potentiel de révolutionner l'industrie musicale ainsi que la manière dont nous interagissons avec les robots dans la vie quotidienne.

L'objectif principal de l'IA dans la robotique musicale émotionnelle est de permettre aux robots de comprendre et d'exprimer des émotions à travers la musique. Cela peut être réalisé en développant des algorithmes capables d'analyser et d'interpréter le contenu émotionnel d'un morceau de musique et de générer ensuite une réaction adaptée à la situation. Cette réaction pourrait prendre la forme d'une performance musicale ou être une action physique ou un geste qui transmet l'état émotionnel du robot.

Pour atteindre ce niveau de compréhension émotionnelle, les systèmes d'IA doivent être capables de traiter et d'analyser de grandes quantités de données. Cela inclut non seulement les éléments musicaux d'un morceau, tels que la mélodie, l'harmonie et le rythme, mais aussi les aspects plus subtils de l'expression musicale, tels que la dynamique, l'articulation et le phrasé. En analysant ces éléments, l'IA peut commencer à comprendre le contenu émotionnel d'un morceau de musique et à générer une réaction appropriée.

L'un des principaux défis dans ce domaine est le développement de systèmes d'IA capables d'interpréter avec précision le contenu émotionnel de la musique en temps réel et d'y réagir. Cela nécessite une compréhension approfondie de la relation complexe entre la musique et l'émotion, ainsi que la capacité de traiter et d'analyser rapidement et efficacement de grandes quantités de données. Les chercheurs explorent différentes approches pour relever ce défi, notamment l'apprentissage automatique, les algorithmes d'apprentissage profond et les réseaux neuronaux.

Une approche prometteuse consiste à utiliser des algorithmes d'apprentissage en profondeur, capables de traiter de grandes quantités de données et d'en tirer des enseignements pour faire des prédictions ou prendre des décisions. Ces algorithmes peuvent être entraînés à reconnaître dans la musique des modèles associés à des émotions spécifiques, puis à utiliser ces connaissances pour générer une réponse appropriée.

Une autre approche consiste à utiliser des réseaux neuronaux conçus pour imiter la manière dont le cerveau humain traite les informations. Ces réseaux peuvent être entraînés à reconnaître et à interpréter le contenu émotionnel de la musique, puis à générer une réponse adaptée à la situation. Cela pourrait impliquer non seulement la production d'une performance musicale reflétant le contenu émotionnel d'un morceau, mais aussi l'adaptation des mouvements physiques et des gestes du robot pour communiquer son état émotionnel.

Alors que l'IA continue de progresser dans le domaine de la robotique musicale émotionnelle, elle a le potentiel de changer la manière dont nous interagissons avec les robots et de renforcer notre lien émotionnel avec eux. Cela pourrait avoir un large éventail d'applications, allant de l'utilisation thérapeutique, comme la musicothérapie pour les personnes souffrant de problèmes de santé mentale, au divertissement, comme les spectacles en direct avec des robots capables de réagir aux émotions du public. En outre, l'IA dans la robotique musicale émotionnelle pourrait également ouvrir la voie à de nouvelles formes de collaboration entre les humains et l'IA, si les robots sont capables de comprendre le contenu émotionnel de la musique en temps réel et d'y réagir. Cela pourrait conduire à des formes d'expression musicale nouvelles et innovantes et offrir aux musiciens et aux compositeurs de nouvelles possibilités d'explorer le potentiel émotionnel de leur travail.

Une chose reste cependant certaine : la musique basée sur les émotions humaines profondes et créée par des artistes humains possède une qualité unique que même l'IA la plus avancée ne peut pas atteindre pour le moment. Bien que la musique de l'IA puisse contribuer à repousser nos limites créatives et à découvrir de nouveaux concepts et genres musicaux, c'est la capacité humaine à transmettre des émotions dans la musique et à les vivre de manière profonde et personnelle qui fait de la musique un média si puissant et émouvant. C'est cette combinaison de l'émotion humaine et de l'innovation de l'IA qui déterminera l'avenir de la créativité musicale.

# Chapitre 9
## Outils de production musicale contrôlés par l'IA :
## Autonomisation des musiciens et des producteurs

Dans l'arène dynamique et en constante évolution de la production musicale, les outils pilotés par l'IA jouent un rôle révolutionnaire dans la redéfinition des méthodes utilisées par les musiciens et les producteurs pour composer et créer leur musique. Ces outils canalisent la puissance impressionnante de l'intelligence artificielle pour fournir une assistance dans une multitude d'aspects du processus de production musicale. Ils permettent aux artistes de donner pleinement vie à leur vision créative, tout en établissant de nouvelles normes en matière d'innovation et d'efficacité. De la génération automatisée de mélodies aux effets sonores basés sur l'IA, en passant par les techniques de mixage intelligentes, ces outils ouvrent la voie à une multitude de fonctionnalités qui optimisent le processus de production tout en améliorant considérablement la qualité globale de la musique produite.

L'un des domaines d'application les plus passionnants des outils pilotés par l'IA dans la production musicale est la génération automatique de mélodies. Imaginez que vous ayez les paroles et l'intuition d'une chanson, mais que vous ne trouviez pas la bonne mélodie. Avec un outil basé sur l'IA, vous pouvez entrer votre idée dans un tel scénario et l'outil crée une mélodie qui correspond parfaitement à votre style musical et à l'ambiance prévue. En analysant les bases de données musicales et les modèles existants, l'outil génère des mélodies harmonieuses, créatives et esthétiques. Il prend en compte différents aspects musicaux tels que la tonalité, le tempo et le rythme afin de créer la composition qui correspond à votre imagination.

Cette technologie peut accélérer considérablement le processus créatif en aidant les musiciens à développer et à mettre en œuvre rapidement de nouvelles idées. Au lieu de passer des heures à réfléchir à une mélodie, les artistes peuvent désormais concentrer leur énergie sur d'autres aspects de la production musicale, comme la mise au point des paroles, l'arrangement et la postproduction. En outre, les outils d'IA permettent d'élargir l'éventail des possibilités créatives en générant des idées musicales inhabituelles et innovantes qui dépassent les notions traditionnelles de mélodie et d'harmonie.

Ainsi, les outils de production musicale pilotés par l'IA n'ouvrent pas seulement la porte à un processus de travail plus efficace et optimisé, ils permettent également une plus grande liberté artistique et une plus grande expérimentation. En exploitant la capacité infinie de l'intelligence artificielle à générer et à manipuler des données musicales, ils offrent la possibilité de redéfinir et de repousser constamment les limites de la production musicale.

Un autre domaine d'application impressionnant est l'utilisation de techniques de mixage contrôlées par l'IA. Le mixage représente une étape critique du processus de production musicale, au cours de laquelle les différentes pistes et instruments sont harmonisés et optimisés sur le plan sonore afin d'obtenir un son global harmonieux et équilibré. L'intelligence artificielle permet aux musiciens et aux producteurs d'utiliser des outils de mixage automatisés capables d'analyser en profondeur le matériel audio et d'améliorer le mixage de manière intuitive et efficace.

Ces outils avancés sont capables d'identifier chaque instrument, d'optimiser l'équilibre sonore et la séparation des instruments et de créer une profondeur spatiale dans le mixage pour une expérience d'écoute immersive. Le produit final est un mixage de haute qualité, au son professionnel, qui rend justice aux compositions des artistes. L'utilisation de techniques de mixage pilotées par l'IA permet aux musiciens et aux producteurs, même sans connaissances techniques approfondies dans le domaine de l'audio, d'obtenir des résultats professionnels qui n'étaient auparavant possibles que dans des studios d'enregistrement hautement spécialisés.

En outre, les outils de production musicale contrôlés par l'IA élargissent les possibilités créatives des artistes grâce à des effets sonores basés sur l'IA. Imaginez que vous souhaitiez donner à votre musique une atmosphère unique ou ajouter des effets sonores créatifs qui ajoutent une dimension supplémentaire à vos morceaux. Avec le soutien de l'intelligence artificielle, vous pouvez utiliser des outils d'effets sonores qui utilisent l'apprentissage automatique pour produire des effets sonores réalistes et créatifs. Ces outils avancés sont capables de simuler des effets de réverbération, de créer une grande variété de timbres ou d'ajouter des effets spéciaux qui donneront à votre musique une touche unique.

En utilisant des effets sonores contrôlés par l'IA, les musiciens peuvent élargir leur palette sonore et donner à leurs chansons un caractère individuel qui les distingue de la masse. Ils peuvent conférer à leur musique une ambiance ou une atmosphère particulière qui renforce l'impact émotionnel de leurs compositions et intensifie l'expérience d'écoute. Il s'agit d'un complément puissant aux outils et méthodes traditionnels de production musicale, qui élargit considérablement l'horizon créatif des artistes et les aide à concrétiser leur vision musicale de manière unique et innovante.

En plus des possibilités mentionnées jusqu'ici, les outils de production musicale pilotés par l'IA ont le potentiel de stimuler de manière décisive le processus créatif et de faire naître des idées musicales entièrement nouvelles. Grâce à leur capacité à analyser et à apprendre de grandes quantités de données, les outils de production musicale pilotés par l'IA peuvent identifier des modèles et des tendances dans la musique qui vont au-delà de ce que le cerveau humain peut percevoir. Cela offre aux musiciens et aux producteurs un nouveau regard sur leur travail, en leur fournissant des recommandations éclairantes pour leurs productions et en leur permettant d'essayer de nouvelles approches musicales.

Ces outils sont capables de fournir des suggestions créatives pour des progressions harmoniques, des variations rythmiques et des arrangements d'instruments qui s'adaptent parfaitement à votre style musical et élargissent votre palette artistique. En outre, ils peuvent contribuer à une meilleure compréhension des préférences musicales et des styles, et ainsi soutenir la prise de décision créative. Ils constituent donc un pont important entre les aspects techniques et artistiques de la production musicale et servent en quelque sorte de catalyseur créatif qui a le potentiel d'élargir l'expression musicale de manière inattendue et inspirante.

Un autre domaine d'application fascinant pour les outils de production musicale pilotés par IA est l'adaptation des productions musicales à différents genres ou groupes cibles. Grâce à de tels outils, les musiciens et les producteurs peuvent adapter leurs chansons à certains genres musicaux avec une précision étonnante. Pour ce faire, l'IA analyse le style, la structure et les caractéristiques sonores de la chanson et les optimise en fonction des exigences spécifiques du genre visé.

Cela permet aux créateurs de musique de diversifier leur musique et de s'adresser à un public plus large, sans pour autant sacrifier leur expression artistique individuelle. En d'autres termes, les outils de production musicale pilotés par l'IA permettent aux musiciens de repousser les limites de leur créativité en leur donnant la possibilité d'explorer différents styles et genres musicaux tout en conservant leur empreinte artistique unique. C'est une ère passionnante dans laquelle l'intelligence artificielle n'est pas seulement un outil, mais aussi un partenaire dans le processus créatif.

Outre l'assistance complète qu'ils offrent, les outils de production musicale pilotés par l'IA contribuent également de manière significative à l'amélioration de l'efficacité et au gain de temps. En automatisant les tâches fastidieuses et souvent répétitives telles que la création de mélodies, le mixage et la génération d'effets sonores, les musiciens et les producteurs ont plus de temps à consacrer au travail créatif essentiel - le cœur de la création musicale. Cela permet non seulement d'accélérer la réalisation des idées, mais aussi de réduire considérablement les temps de production. De tels outils fonctionnent comme des assistants utiles qui optimisent le flux de travail et permettent de se concentrer sur l'essentiel : la création de musique.

Il est toutefois important de souligner que les outils de production musicale pilotés par l'IA ne sont pas destinés à remplacer l'intelligence créative et le savoir-faire artisanal des musiciens. Ils servent plutôt de support pour rendre le processus de production plus efficace et améliorer la production créative. La décision artistique finale est toujours entre les mains du musicien ou du producteur, qui conserve le contrôle total du processus créatif et transforme la vision artistique en réalité.

Alors que nous nous tournons vers l'avenir, nous pouvons affirmer avec certitude que le développement des outils de production musicale pilotés par l'IA débouchera sur des applications encore plus puissantes et polyvalentes. De nouveaux algorithmes et techniques seront développés afin d'obtenir des résultats encore plus précis et réalistes. En outre, l'intégration de plus en plus poussée de l'IA dans la production musicale repoussera encore les limites de la créativité et ouvrira des voies innovantes pour la création et la perception de la musique. Dans un monde où technologie et créativité vont de pair, l'avenir de la production musicale semble plein de possibilités passionnantes et de liberté créative illimitée.

Considérés dans leur ensemble, les outils de production musicale pilotés par l'IA représentent une évolution révolutionnaire et excitante pour l'industrie musicale. Ils permettent aux musiciens et aux producteurs non seulement d'accroître leur efficacité et leur flexibilité, mais aussi d'ouvrir de tout nouveaux horizons créatifs. Tout en profitant des multiples avantages de l'intelligence artificielle, il incombe aux musiciens d'utiliser ces outils avancés de manière judicieuse et artistiquement consciente, sans diluer ou perdre leur expression individuelle. L'avenir de la production musicale sera largement influencé par la synergie entre la créativité humaine et l'innovation technologique.

En intégrant des outils de production musicale pilotés par l'IA comme partie intégrante de leur boîte à outils créative, les musiciens et les producteurs peuvent concrétiser plus efficacement leur vision musicale et produire de la musique de haute qualité, même s'ils ne disposent pas de connaissances techniques approfondies. L'intégration de l'IA dans le processus créatif ouvre de nouvelles voies créatives, incite à l'expérimentation et encourage les musiciens et les producteurs à essayer des approches innovantes et à poursuivre leur développement artistique de manière cohérente.

L'inspiration et l'exploration de nouvelles idées musicales constituent un exemple clair d'application pratique des outils pilotés par l'IA. Ces outils intelligents peuvent proposer, sur la base de bases de données musicales et de modèles musicaux existants, des combinaisons sonores, des mélodies ou des rythmes nouveaux et inattendus qui complètent ou élargissent le style individuel de l'artiste de manière unique. Les musiciens peuvent utiliser ces suggestions comme point de départ créatif ou tremplin pour explorer de nouvelles voies musicales et libérer leur créativité de manière inattendue et excitante.

Un autre exemple d'application impressionnant des outils de production musicale pilotés par l'IA est l'optimisation de la qualité sonore grâce à une                                                                égalisation avancée. L'égalisation - l'ajustement de la balance des fréquences d'un signal audio - est un élément clé du processus de production musicale, qui a une influence déterminante sur le son final d'un morceau.
Les outils d'égalisation pilotés par l'IA analysent le matériel audio, reconnaissent son spectre de fréquences et adaptent l'équilibre des fréquences de manière intelligente. Ils peuvent par exemple identifier les fréquences indésirables et les réduire de manière ciblée ou optimiser le spectre de fréquences d'un instrument au sein d'un mixage afin d'améliorer la clarté et la définition. La précision et la rapidité avec lesquelles ces outils fonctionnent permettent d'atteindre un niveau de précision inégalé à ce jour et offrent aux musiciens et aux producteurs des possibilités qui n'étaient pas techniquement réalisables auparavant.

De plus, les outils de production musicale pilotés par l'IA représentent une nouvelle ère dans la création et la manipulation rapides d'effets sonores. Ces outils utilisent l'apprentissage automatique pour produire des effets sonores réalistes et créatifs qui confèrent une atmosphère unique aux chansons. Les musiciens peuvent essayer une grande variété d'effets, comme la réverbération, la distorsion ou le filtrage, et ajuster les paramètres pour obtenir le son souhaité. Ils peuvent ainsi élargir leurs possibilités sonores et enrichir leur musique d'une multitude d'effets sonores.

L'application de l'IA à la restauration audio représente une évolution fascinante de la technologie musicale. Grâce à l'utilisation d'algorithmes avancés, les outils pilotés par l'IA peuvent transformer même les vieux enregistrements mono de mauvaise qualité d'il y a 90 ans en mondes sonores 3D expressifs. Le défi réside dans la capacité de l'IA à faire la différence entre différents sons et bruits. Par exemple, une IA utilisée pour restaurer des enregistrements de percussions doit être capable de faire la différence entre le groove réel de la performance et les bruits de fond, comme le grésillement d'un vieux disque. Cela nécessite une technologie d'IA sophistiquée, capable d'agir rapidement et avec précision. Une telle technologie doit être capable de prendre les bonnes décisions afin de préserver la valeur de l'enregistrement original et de ne pas le remanier.

Dans ce travail, les nuances sont importantes, notamment lorsqu'il s'agit de préserver les "bons" sons et de supprimer les "mauvais". La restauration audio guidée par l'IA peut alors jouer un rôle décisif non seulement dans la production musicale, mais aussi dans la production de films et de vidéos. Les films anciens qui n'existent qu'en mauvaise qualité pourraient être améliorés par l'IA afin de les adapter visuellement et acoustiquement aux normes modernes. Il est important de noter que l'utilisation d'outils de restauration audio pilotés par l'IA n'a pas pour but de remplacer l'ingénieur du son humain, mais de l'assister.

Ces outils ont pour but d'optimiser le processus de restauration et d'améliorer la qualité de la production finale. En même temps, nous devons être conscients du risque que les outils d'IA puissent "corriger" des choses qui ne devraient pas l'être. Par exemple, un outil contrôlé par l'IA pourrait "corriger" un "faux" son dans un enregistrement qui a en fait été inséré intentionnellement par l'artiste. Cela soulève la question de savoir comment nous pouvons conserver le contrôle créatif tout en profitant des avantages de l'IA. Dans l'ensemble, la restauration audio guidée par l'IA offre de nombreuses possibilités d'amélioration des anciens enregistrements et de création de nouveaux paysages sonores créatifs. Dans ce contexte, il est important de considérer le rôle de l'IA comme un outil qui nous aide à obtenir de meilleurs résultats, et non comme un substitut à la créativité et à l'expertise humaines. Un autre domaine d'application innovant des outils de production musicale pilotés par l'IA comprend la création d'instruments d'accompagnement ou d'arrangements de fond. Sur la base d'une mélodie ou d'une séquence d'accords donnée, ces outils peuvent générer automatiquement des accompagnements ou des arrangements appropriés. Les musiciens peuvent ensuite modifier ces parties générées et les adapter à leurs besoins, ce qui leur permet de produire rapidement et efficacement des morceaux musicaux plus complexes et d'accélérer le processus de création.

Bien entendu, il est également évident que l'utilisation d'outils de production musicale pilotés par l'IA dépend toujours de l'intelligence créative et des compétences des musiciens. Ces outils servent d'aides et d'instruments pour optimiser et étendre le processus de production. La prise de décision artistique et la touche personnelle restent entre les mains des musiciens et des producteurs. À l'avenir, de nouveaux progrès sont attendus dans le développement d'outils de production musicale pilotés par l'IA. De nouveaux algorithmes et techniques seront développés afin d'améliorer encore la précision et la qualité de la musique produite. L'intégration de l'apprentissage automatique et de l'IA dans ces outils permettra une analyse et une interprétation toujours plus précises des données musicales, ainsi qu'une reproduction de plus en plus réaliste des différents instruments et effets musicaux.

Une avancée potentielle attendue dans les années à venir dans le développement d'outils de production musicale contrôlés par l'IA est une conception encore plus intuitive et conviviale. Des interfaces améliorées et des possibilités d'interaction plus variées pourraient contribuer à ce que les musiciens et les producteurs puissent réaliser leur vision créative de manière transparente et sans obstacles techniques. Il pourrait même devenir possible d'utiliser des outils contrôlés par l'IA via des formes d'interaction avancées telles que la commande vocale ou gestuelle. Cela pourrait contribuer à optimiser davantage le flux de travail et à rendre le processus de création encore plus naturel et immédiat pour les musiciens et les producteurs.

En outre, l'exploration de nouvelles applications de l'IA dans la production musicale se poursuit et s'étend. Par exemple, les outils de transcription automatique de la musique pilotés par l'IA pourraient jouer un rôle crucial. Ils pourraient être en mesure de générer des partitions à partir d'enregistrements audio, ce qui accélérerait et simplifierait considérablement le processus de transcription musicale. Cela pourrait aider considérablement les musiciens et les compositeurs en leur permettant de consigner et de partager leurs idées musicales par écrit plus rapidement et plus efficacement.

De plus, la possibilité d'une collaboration plus efficace entre les outils contrôlés par l'IA et les musiciens humains devient de plus en plus probable. En intégrant le feed-back en temps réel et les fonctions de collaboration, les musiciens et les producteurs pourraient interagir et collaborer directement avec les systèmes d'IA. Ce faisant, ils pourraient créer une musique unique et inspirée, influencée et façonnée par les deux "partenaires" - humains et IA. Ce type de collaboration pourrait ouvrir de toutes nouvelles possibilités créatives et enrichir le processus de production musicale de manière inattendue.

Les musiciens et les producteurs qui utilisent ces outils de manière responsable, tout en préservant leur vision artistique unique, peuvent bénéficier considérablement des avantages de l'IA et pousser leur développement musical dans des directions encore inconnues. L'avenir de la production musicale sera de plus en plus marqué par la synergie entre la créativité humaine et l'innovation technologique. Les outils pilotés par l'IA peuvent apporter une aide précieuse à cet égard, en élargissant la liberté créative des musiciens tout en rendant le processus technique de production musicale plus efficace et plus accessible.

# Chapitre 10

## L'impact de l'IA sur l'écriture de chansons : Inspiration ou imitation ?

L'intégration de l'intelligence artificielle (IA) dans le processus d'écriture de chansons a récemment gagné en pertinence et son rôle dans ce domaine artistique est de plus en plus important et fascinant. Les outils et algorithmes basés sur l'IA pour l'écriture de chansons peuvent servir de puits d'inspiration, ouvrir les portes à des possibilités créatives encore inexplorées et aider à façonner de nouveaux paysages musicaux. Mais ils soulèvent également des questions urgentes et complexes qui touchent profondément au cœur de la musique et de la créativité humaine : Des questions sur l'originalité, l'expression artistique et le rôle irremplaçable de l'homme dans le processus créatif.

Les outils d'écriture de chansons basés sur l'IA utilisent des techniques d'apprentissage automatique et des algorithmes sophistiqués pour analyser les modèles et les structures musicales et créer des compositions inédites à partir de ces données. Ces outils peuvent aider à concevoir des mélodies, des harmonies et des rythmes qui étaient peut-être inimaginables ou inédits auparavant. Ils peuvent servir de puissants catalyseurs de la créativité et dynamiser le processus de création musicale en fournissant aux musiciens des idées et des inspirations fraîches qui peuvent porter leur création artistique à un niveau supérieur.

Un avantage particulier de l'intégration de l'IA dans l'écriture de chansons réside dans sa capacité à analyser des quantités gigantesques de données musicales et à en déduire de nouvelles compositions. Les systèmes d'IA sont capables d'étudier un large éventail de styles et de genres musicaux, d'en saisir l'essence et les nuances et d'en tirer des enseignements. Sur cette base, ils sont capables de générer des idées musicales qui sont à la fois innovantes et attrayantes. Ce potentiel peut enrichir considérablement le processus de création musicale et aider les artistes à surmonter les blocages créatifs et à s'engager dans de nouvelles voies musicales.

Toutefois, il existe également de sérieuses préoccupations et des discussions critiques liées à l'originalité et à l'expression artistique lorsque la technologie d'IA est utilisée dans la composition de chansons. Certaines voix de la communauté artistique et du grand public affirment que les chansons et les mélodies générées par l'IA ne peuvent pas atteindre la même profondeur émotionnelle et la même touche personnelle que la musique créée par l'homme. Certains craignent que l'utilisation de l'IA dans la production musicale ne conduise à une musique de plus en plus homogène et standardisée, car elle se fonde principalement sur des modèles déjà connus et des styles populaires largement répandus. Cette tension entre l'utilisation efficace de l'IA et la préservation de l'influence artistique et de la qualité émotionnelle de la création humaine nécessite une réflexion approfondie et une navigation sensible.

Un défi supplémentaire posé par l'utilisation de l'IA dans la composition de chansons est la question de la paternité et de la propriété intellectuelle. Si une IA compose une chanson, qui en détient les droits ? Ce dilemme juridique a un impact profond sur les musiciens, les maisons de disques et l'ensemble de l'écosystème musical et nécessite des solutions juridiques innovantes.

En outre, certains craignent que la production musicale guidée par l'IA ne mette en péril la liberté créative et l'expression individuelle qui sont au cœur du processus artistique. On craint que les musiciens soient éventuellement encouragés à suivre des modèles sonores génériques suggérés par l'IA sur la base de son analyse des tendances et des préférences, plutôt que de suivre leurs propres impulsions artistiques uniques et authentiques. Il est essentiel que la technologie de l'IA soit utilisée de manière à compléter et à enrichir la créativité humaine plutôt qu'à la remplacer ou à la limiter.

Malgré ces inquiétudes, il ne fait aucun doute que l'IA a eu et continuera d'avoir un impact énorme sur la composition de chansons et sur l'industrie musicale dans son ensemble. La technologie ouvre de nouvelles voies à la création musicale et élargit le spectre de ce qui est possible dans la musique. Mais il est important d'aborder cette évolution avec un regard critique et conscient, d'en exploiter les avantages tout en maîtrisant les risques et en veillant à ce que l'IA soutienne et enrichisse le processus artistique plutôt que de le dominer ou de le mettre en péril.

Une difficulté supplémentaire réside dans le fait que les outils pilotés par l'IA ont tendance à analyser et à reproduire la musique existante. Ils peuvent créer des mélodies et des harmonies qui rappellent fortement des morceaux déjà connus, ce qui constitue une question délicate en termes de droits d'auteur et de risque de plagiat. L'utilisation de l'IA dans le cadre de l'écriture de chansons nécessite donc un équilibre consciencieux entre l'inspiration créative et le respect des droits artistiques et de l'originalité. Il s'agit de trouver un équilibre entre l'utilisation des avancées technologiques et le respect de l'intégrité du travail artistique.

Malgré les préoccupations évoquées, les outils d'écriture de chansons basés sur l'IA offrent également des opportunités importantes aux musiciens. Ils peuvent être utilisés comme une sorte de point de départ créatif pour générer des idées fraîches et élargir le processus créatif. Les artistes peuvent prendre les mélodies et les harmonies générées par l'IA comme matériau de base et les développer avec leur propre style, leur émotion personnelle et leur interprétation individuelle. La fusion de la créativité humaine et de l'intelligence artificielle peut donner naissance à des œuvres d'art musicales uniques et innovantes.

Il est essentiel que les musiciens qui utilisent des outils de composition basés sur l'IA gardent toujours à l'esprit que ces outils servent de support et ne peuvent ou ne doivent pas prendre entièrement en charge le processus créatif. Le rôle de l'homme dans la composition de chansons reste irremplaçable. La créativité, l'émotion et l'interprétation humaines sont des facteurs uniques qui peuvent donner une touche personnelle aux chansons et créer un lien fort avec les auditeurs.

En outre, les outils d'écriture de chansons basés sur l'IA offrent également une possibilité importante de découvrir et de promouvoir des artistes nouveaux et émergents, contribuant ainsi à une plus grande diversité dans l'industrie musicale. Traditionnellement, le marché de la musique était fortement dominé par les grandes maisons de disques et les artistes établis. Toutefois, l'utilisation de l'IA permettrait aux artistes moins connus et émergents de présenter leur musique à un public plus large. Les technologies d'IA peuvent contribuer à identifier de nouveaux talents et à leur offrir une plateforme pour être entendus et découverts. Cela permet de promouvoir un paysage musical plus diversifié, plus inclusif et plus équitable, dans lequel les voix et les visions innovantes peuvent être entendues.

Un autre aspect crucial à prendre en compte dans l'étude de l'impact de l'IA sur l'écriture de chansons est le potentiel de synergie entre l'homme et la machine. Les artistes peuvent considérer les outils basés sur l'IA comme des partenaires créatifs, voire des extensions de leurs capacités créatives, et les intégrer dans leur processus d'écriture de chansons. En utilisant les possibilités offertes par l'IA et en se confrontant à elle, ils peuvent explorer de nouvelles voies inexplorées et élargir leur propre vision artistique. La collaboration peut donner lieu à des résultats fascinants et inattendus, qui constituent à leur tour une forme innovante de création, dépassant les frontières traditionnelles de la création musicale.

Il est essentiel de tenir compte des considérations éthiques et des aspects juridiques lors de l'application de l'IA à l'écriture de chansons. La protection des droits d'auteur, le respect de l'originalité artistique et la conformité aux dispositions légales sont essentiels. Les artistes doivent toujours être conscients de la manière dont ils utilisent les outils d'IA et s'assurer que leur utilisation respecte les droits et la propriété créative des autres artistes.

Dans l'ensemble, l'impact de l'IA sur l'écriture de chansons est un sujet complexe et controversé. Alors que certains saluent les nouvelles possibilités et le potentiel de transformation de l'IA dans le processus créatif, d'autres expriment des inquiétudes quant à l'originalité, l'expression artistique et le risque de plagiat. Il est essentiel que les musiciens et les auteurs-compositeurs se penchent activement sur ces questions et prennent des décisions conscientes et informées sur la manière d'intégrer des outils basés sur l'IA dans leur processus créatif.

En conclusion, l'intégration de l'IA dans l'écriture de chansons présente à la fois un large éventail d'opportunités et un certain nombre de défis. L'utilisation d'outils d'écriture de chansons basés sur l'IA peut servir de source d'inspiration, ouvrir de nouvelles voies créatives et même élargir les horizons de ce qui était possible jusqu'à présent. En même temps, il est extrêmement important de préserver la valeur artistique, l'originalité et le rôle indispensable de l'être humain dans l'écriture de chansons. Le mélange de la créativité humaine et de l'intelligence artificielle peut donner naissance à un paysage musical passionnant et innovant, qui favorise la diversité et l'originalité tout en permettant de nouvelles formes d'expression créative.

# Chapitre 12
## L'IA et la création de musique pour les films et les jeux

Le rôle de l'intelligence artificielle dans la création de musique pour les bandes sonores de films et de jeux vidéo est de plus en plus important. Les techniques d'IA offrent des approches innovantes pour générer des bandes sonores qui peuvent s'adapter à l'intrigue et à l'ambiance des contenus visuels.

Imaginez une scène de votre film ou de votre jeu vidéo préféré dans laquelle la musique ne se contente pas de passer en arrière-plan, mais réagit en temps réel à l'action et aux émotions des personnages. C'est le monde de la génération adaptative de musique, une technique contrôlée par l'IA qui brouille les frontières entre l'image et le son en créant des bandes sonores qui s'adaptent de manière transparente au flux de l'action.

Et la magie de l'IA ne s'arrête pas là. En s'intégrant dans les outils de conception sonore les plus modernes, elle peut créer des expériences sonores qui élèvent votre cinéma cérébral à un niveau supérieur. Prenons par exemple l'Audio Ray Tracing : ici, l'IA modélise le paysage acoustique en fonction des variables environnementales et crée une expérience sonore fascinante et immersive. Ainsi, la prochaine fois que vous mettrez vos casques AR, préparez-vous à un voyage acoustique qui vous plongera profondément dans des mondes virtuels.

L'IA a également le talent de réagir avec finesse aux ambiances et aux émotions exprimées dans un film ou un jeu. Grâce à des algorithmes sophistiqués d'analyse des humeurs, elle peut adapter l'atmosphère musicale de manière dynamique afin de s'adresser aux émotions des spectateurs ou des joueurs. L'effet ? Une expérience sonore captivante, personnalisée et extrêmement immersive.

Mais soyons clairs sur un point : L'IA est là pour enrichir notre musique, pas pour la remplacer. Elle est une muse qui inspire et soutient, pas l'artiste lui-même. La magie de la créativité, de l'intuition et de l'expression émotionnelle humaines est indispensable pour créer des bandes sonores émotionnelles qui touchent nos cœurs.

Alors que nous nous tournons vers l'avenir, il faut s'attendre à un lien encore plus étroit entre l'IA et les maîtres de la musique - les compositeurs et les concepteurs sonores. Leur vision créative, renforcée par les capacités de l'IA, créera de tout nouveaux types d'expériences sonores et élèvera notre immersion dans le monde des médias visuels à un niveau supérieur.

En conclusion, l'IA est plus que prête à prendre la baguette dans la production musicale pour les bandes sonores de films et de jeux vidéo. Grâce à la génération adaptative de musique, à la conception sonore avancée et à la sensibilité émotionnelle, l'IA ouvre de tout nouveaux horizons pour des bandes sonores immersives et personnalisées. La combinaison de la technologie IA et de la créativité humaine a le potentiel de produire des compositions musicales et des effets sonores parfaitement adaptés aux besoins de vos productions.

Pensez à la création automatisée de bandes sonores, une symphonie aux multiples facettes créée par l'IA. En utilisant quelques paramètres prédéfinis tels que le genre, l'ambiance et le tempo, l'IA combine et modifie des éléments musicaux pour composer une bande-son aussi unique que le film ou le jeu lui-même. Un processus qui permet non seulement d'augmenter la vitesse de production, mais aussi de créer un nouvel espace de liberté pour les compositeurs humains.

L'IA est également un virtuose du jeu avec les effets sonores, permettant des ajustements précis en temps réel, basés sur les événements visuels et les actions dans les films et les jeux. En analysant des images ou des modèles 3D, l'IA peut créer des effets sonores appropriés et les adapter aux éléments visuels. Le résultat est une expérience immersive sans faille, où le son est parfaitement synchronisé avec l'action visuelle.

Un autre domaine d'application intéressant de l'IA est la création de musique dynamique. Dans ce cas, l'IA réagit en temps réel à l'action ou aux décisions du joueur, ce qui se traduit par un accompagnement musical interactif et en constante évolution. Cela crée une expérience de jeu intense et passionnante qui change à chaque partie.

Malgré les capacités impressionnantes de l'IA, l'importance des créateurs de musique humains reste inébranlable. Les compositeurs, concepteurs sonores et musiciens humains sont irremplaçables lorsqu'il s'agit d'apporter leurs compétences artistiques uniques, leurs émotions et leur expressivité au processus créatif. L'IA sert d'outil utile qui les soutient en automatisant les tâches chronophages et en ouvrant de nouvelles voies créatives. En combinant la créativité humaine avec les avantages de l'IA, il est possible de créer des œuvres musicales uniques et impressionnantes qui captivent le public.

# Chapitre 13

## Progrès dans la synthèse de voix chantée :
## Précision et expression avec les générateurs de voix chantées AI

La synthèse de voix chantée a fait des progrès considérables ces dernières années, notamment grâce à l'utilisation de générateurs de voix chantée AI. Ces applications logicielles ou dispositifs matériels utilisent l'intelligence artificielle (IA) pour générer et modifier des voix vocales synthétisées.

Les générateurs de voix chantées AI, comme Emvoice, sont conçus pour simuler le processus de chant humain et permettre aux utilisateurs de créer des performances vocales personnalisées. Les voix générées peuvent être utilisées dans différentes productions musicales, telles que les spectacles en direct et les studios d'enregistrement.

Ils peuvent également être intégrés dans des duos virtuels, des chœurs et des collaborations d'écriture de chansons. Certains systèmes basés sur l'IA sont capables d'apprendre la voix d'un utilisateur et de l'imiter avec précision, ce qui donne des performances vocales personnalisées avec une intonation précise, un phrasé naturel et une expression dynamique.

Le fonctionnement des générateurs de chant AI est basé sur l'apprentissage profond et le logiciel Text-to-Speech (TTS) afin de générer des voix vocales réalistes à partir de texte. Pour ce faire, un réseau neuronal est entraîné à partir d'enregistrements audio de vrais chanteurs afin de capturer l'essence de la portée vocale, de la prononciation et du style d'un chanteur et de produire une qualité de chant équivalente.
L'AI Singing Voice Generator prend ensuite les paroles saisies par l'utilisateur et les convertit en une version synthétisée qui ressemble à la voix du chanteur original. Grâce à cette technologie, les utilisateurs peuvent créer leur propre voix chantée unique, qu'ils peuvent utiliser pour des productions musicales, des vidéos de karaoké ou d'autres applications.

La popularité des AI Singing Voice Generators repose sur leur capacité à reproduire avec précision une performance vocale. Grâce à des algorithmes sophistiqués, ces outils peuvent prendre une mélodie composée par un producteur et générer des voix réalistes qui correspondent à la chanson originale. Cette technologie permet aux producteurs de créer des performances vocales de haute qualité sans devoir engager des chanteurs ou passer du temps à chercher des samples et à créer des bibliothèques de samples.

En outre, les AI Singing Voice Generators offrent aux utilisateurs un plus grand contrôle sur leurs projets musicaux, car ils peuvent ajuster des paramètres tels que la hauteur, le vibrato et l'accentuation afin d'obtenir le son souhaité. Cela est particulièrement utile pour les producteurs qui disposent d'un budget limité et qui doivent créer rapidement et efficacement des pistes au son professionnel.

L'IA offre également d'autres avantages, comme la création de nouvelles possibilités créatives en permettant d'appliquer le style et la tonalité d'un chanteur à différentes chansons dans différents genres ou langues. En outre, il convient de mentionner qu'il existe également des alternatives puissantes aux célèbres générateurs de voix chantées AI. Il existe plusieurs entreprises qui ont développé des générateurs de voix chantée basés sur l'IA et qui proposent des solutions innovantes pour la production musicale.

Un exemple est le modèle XiaoiceSing2, qui a attiré l'attention en raison de sa technologie avancée et de sa capacité à modéliser des détails précis dans les moyennes et hautes fréquences. Grâce à l'utilisation d'un réseau adversaire génératif (GAN), XiaoiceSing2 est capable de générer des nuances plus fines dans la construction de la mélodie et d'obtenir ainsi une meilleure qualité de chant.

Il existe également d'autres puissants générateurs de voix chantante AI qui offrent des fonctionnalités similaires. Des entreprises comme Dreamtonics, Uberduck, Emvoice, Typecast.ai, Voicemod.net et Vocaloid.com ont également développé des solutions impressionnantes qui répondent aux besoins de différents utilisateurs.

Le synthétiseur V de Dreamtonics, par exemple, est connu pour ses voix chantées AI de haute qualité et offre une multitude d'options pour la création de pistes vocales au son réaliste. Uberduck.ai propose un large éventail de voix et de langues ainsi que des options de réglage détaillées pour la vitesse, la hauteur et l'accentuation. Typecast.ai permet aux utilisateurs de créer des pistes vocales personnalisées avec un contrôle total du tempo et de la hauteur. Voicemod.net offre des voix au son professionnel sans compétences vocales étendues, tandis que Vocaloid.com propose différents packs avec un large choix de voix dans différentes langues.

Pour choisir le générateur de voix chantée AI adapté à votre projet, il est important d'évaluer différentes options et de sélectionner celle qui offre les meilleurs résultats pour vos besoins spécifiques. Des facteurs tels que la qualité sonore, la facilité d'utilisation, la diversité des effets et d'autres fonctions doivent être pris en compte pour concrétiser au mieux votre vision musicale.

En conclusion, les AI Singing Voice Generators représentent une évolution passionnante dans la production musicale. Ils offrent aux musiciens et aux producteurs de nouvelles possibilités de créer des pistes vocales de haute qualité et de concrétiser leurs projets créatifs. Avec un large choix de générateurs de voix chantées AI, vous pouvez trouver celui qui répond le mieux à vos besoins individuels et vous aide à obtenir des résultats musicaux impressionnants.

# Chapitre 14
## La révolution de la synthèse vocale :
## Du texte aux voix réalistes

La prolifération des technologies de synthèse vocale et de clonage vocal pilotées par l'IA a également donné lieu à quelques applications controversées. Un exemple remarquable est le cas d'une chanteuse populaire de Singapour qui n'a pas sorti de nouvel album depuis 2017. Malgré cela, sa solide base de fans a décidé de combler ce vide en créant sa propre version de son artiste bien-aimée.

Un fan et programmeur passionné a utilisé un modèle de voix Deepfake pour injecter plus de 100 chansons fidèles de la chanteuse. Le modèle a ainsi été entraîné à chanter chaque chanson avec sa voix mélodieuse caractéristique. Ce fan enthousiaste a généré une multitude de reprises de Deepfake, allant de classiques populaires comme "Five Hundred Miles" à des succès pop comme "Rolling in the Deep" d'Adele. Il a remarqué que la génération de l'IA était plus consistante que l'artiste elle-même et présentait de grandes similitudes.

Cette augmentation des programmes d'IA open source permet aux internautes de créer leurs propres modèles de deepfake qui imitent les voix de célébrités. Des personnes du monde entier ont utilisé ces programmes pour faire revivre des artistes décédés, parodier des hommes politiques et produire des chansons avec les voix de Kanye West, Taylor Swift et Donald Trump.

Toutefois, cette évolution a également suscité des mises en garde de la part des autorités et de l'industrie musicale. Les médias internationaux ont mis en garde les créateurs de chansons d'IA contre les violations de droits d'auteur. Après qu'une chanson générée par IA avec les voix de Drake et The Weeknd soit devenue virale, Universal Music Group, l'une des plus grandes sociétés de musique au monde, a qualifié les chansons deepfake de "fraude" et de menace pour l'expression créative humaine.

Cependant, l'utilisation du clonage de voix par l'IA a également des implications juridiques. La publication de contenus deepfake pourrait non seulement donner lieu à des litiges en matière de droits d'auteur, mais aussi être poursuivie comme un délit. Un cas particulièrement controversé a été l'arrestation d'un homme qui aurait utilisé un générateur de texte d'IA pour générer une fausse histoire d'accident de train. Les nouvelles réglementations en matière d'IA exigent que les prestataires de services marquent les contenus susceptibles d'induire le public en erreur, mais il n'est pas certain que les développeurs de logiciels d'IA puissent être tenus pour responsables.

Malgré les préoccupations juridiques, certains passionnés d'IA n'ont pas cessé de développer des programmes de deepfake. Un nouveau logiciel impressionnant nécessite moins d'entrée de matériel original pour cloner la voix de quelqu'un. Le programme a déjà été utilisé pour créer des deepfakes de Kanye West et Michael Jackson.

La chanteuse concernée s'est résignée à son sort, car sa voix IA est désormais plus populaire que ses propres œuvres. Elle accepte que sa personnalité IA soit actuellement très convoitée, alors qu'elle-même, en tant qu'artiste, disparaît dans l'insignifiance. Elle a écrit qu'aucun être humain ne pouvait lutter contre l'IA, puisqu'elle finit par "publier de nouveaux albums en quelques minutes".

Face à la prolifération des technologies de deepfake et d'IA, de nouvelles organisations voient le jour pour relever ces défis. Récemment, un groupe d'acteurs de l'industrie musicale a lancé la Human Artistry Campaign, une coalition visant à garantir que les technologies d'IA soient développées et utilisées de manière à soutenir la culture et l'art humains plutôt que de les remplacer. La campagne a reçu le soutien de plus de 40 organisations musicales et défend, entre autres, les bonnes pratiques dans l'utilisation de l'IA, comme le respect du travail et de la personnalité des artistes, la transparence dans l'utilisation de l'apprentissage automatique dans la musique et le respect des lois existantes, y compris les droits d'auteur et la propriété intellectuelle.

L'organisation ne s'oppose pas fondamentalement à l'utilisation de l'IA et fait remarquer que les musiciens ont toujours utilisé la technologie pour exprimer leur vision créative. Tout comme le sampling a ouvert de nouvelles possibilités aux artistes, l'utilisation de voix étrangères comme nouveaux instruments contrôlés par l'IA deviendra probablement une composante acceptée de l'industrie musicale, réglementée par de nouvelles normes d'utilisation. La Human Artistry Campaign vise à trouver et à façonner une voie saine pour l'utilisation de cette technologie. "L'art ne peut pas exister indépendamment de la culture humaine", fait valoir l'organisation, soulignant que "les œuvres créées par l'homme continueront à jouer un rôle essentiel dans nos vies", du moins tant que ces nouvelles normes ne seront pas créées pendant que nous restons inactifs et que nous nous laissons bercer par les sons de berceuses générées par l'IA.

Le cas de Stefanie Sun et l'utilisation du clonage de voix Deepfake illustrent les défis éthiques et juridiques liés au développement et à l'utilisation des technologies d'IA. On craint que ces technologies puissent être utilisées de manière abusive pour violer les droits des artistes en utilisant leurs voix sans leur consentement. La question de la paternité et de la protection de la propriété intellectuelle est soulevée, car la frontière entre les voix réelles et les voix générées par l'IA est de plus en plus floue.

Des mesures ont déjà été prises pour réglementer les technologies de deepfake et d'intelligence artificielle générative et pour lutter contre les violations des droits d'auteur. Des directives ont été adoptées concernant l'étiquetage des contenus deepfake et la responsabilité des prestataires de services. Néanmoins, la question de savoir comment réglementer ces technologies au niveau mondial reste ouverte, étant donné que le développement et la diffusion de programmes open source et de modèles d'IA ne se limitent pas à certains pays.
Cependant, il existe également un potentiel d'utilisation positive du clonage de voix par IA dans l'industrie musicale. La possibilité de faire revivre les voix d'artistes décédés ou de permettre à des artistes de créer de nouvelles œuvres qui dépassent leurs propres capacités ouvre de nouvelles possibilités créatives. Il serait également possible de créer des assistants vocaux personnalisés ou des livres audio avec les voix d'artistes populaires afin de créer une expérience d'écoute unique.

Pour aborder les risques et les défis potentiels liés au clonage de voix par l'IA, une approche globale est nécessaire. Des directives éthiques doivent être élaborées pour garantir la protection des droits des artistes et de la vie privée des personnes. L'industrie musicale et les autorités gouvernementales doivent collaborer pour mettre en place des réglementations claires qui contrôlent l'utilisation des technologies d'IA dans l'industrie musicale et garantissent la protection de la créativité et de la liberté d'expression artistique.

L'utilisation de l'IA dans la synthèse vocale a sans aucun doute conduit à des progrès significatifs et nous permet de générer des voix réalistes et convaincantes. Mais en même temps, cela nécessite un vaste débat sur les implications pour les industries créatives, la protection de la propriété intellectuelle et les questions éthiques liées à la manipulation des enregistrements audio. Il est essentiel que nous soyons conscients de ces défis et que nous trouvions un équilibre entre les avantages et les risques de l'IA dans la synthèse vocale afin de garantir une utilisation responsable et durable de ces technologies.

Un autre sujet qui doit être discuté dans le contexte de l'IA dans la synthèse vocale est la prolifération de l'audio deepfake et la manipulation des enregistrements audio. Grâce à l'utilisation de modèles d'IA, les fichiers audio peuvent être manipulés de manière à ce qu'ils contiennent des informations falsifiées ou altérées. Cela peut avoir des conséquences importantes, comme la diffusion de désinformation ou la manipulation de preuves dans le cadre de litiges juridiques.
Le développement et la diffusion de la synthèse vocale pilotée par l'IA nécessitent donc la mise en place d'un cadre juridique et de directives claires. Des mécanismes doivent être établis pour vérifier l'authenticité des enregistrements audio et pour limiter la diffusion de l'audio deepfake. En outre, des mesures doivent également être prises pour protéger la vie privée des personnes et s'assurer que leurs voix ne sont pas utilisées sans leur consentement.

L'avenir de la synthèse vocale dépendra également de l'évolution technologique. On s'efforce déjà d'améliorer encore la qualité audio et d'augmenter l'expressivité des voix synthétiques. L'intégration des émotions, de l'accentuation et des variations prosodiques contribuera à rendre les voix synthétiques plus vivantes et plus expressives.

En outre, nous devons être conscients que l'utilisation de l'IA dans la synthèse vocale comporte également des risques. Il existe un risque d'abus, les voix générées par l'IA pouvant être utilisées à des fins frauduleuses ou nuisibles. L'élaboration de directives éthiques et la mise en place de mécanismes de contrôle sont essentielles pour limiter ces risques et promouvoir une utilisation responsable de l'IA dans la synthèse vocale.

Dans l'ensemble, la synthèse vocale guidée par l'IA ouvre des perspectives fascinantes, allant de l'ajout de voix réalistes dans la musique à l'amélioration de l'accessibilité pour les personnes souffrant de troubles de la parole. Mais en même temps, nous devons être conscients des défis qui accompagnent l'utilisation de l'IA dans la synthèse vocale, notamment en ce qui concerne la protection des droits des artistes, la sécurité des enregistrements audio et la diffusion de l'audio deepfake.

Il est de notre responsabilité d'utiliser ces technologies de manière responsable afin de garantir qu'elles contribuent au bien-être de la société et des industries créatives. La collaboration entre les différents acteurs, y compris les artistes, l'industrie musicale, les gouvernements et les entreprises technologiques, est essentielle pour garantir une approche équilibrée de l'IA dans la synthèse vocale et pour faire face aux opportunités et aux défis de cette technologie révolutionnaire.

L'utilisation de l'intelligence artificielle (IA) dans la synthèse vocale a entraîné une véritable révolution. Grâce à des modèles d'IA avancés comme VALL-E, il est désormais possible de générer des voix réalistes et vivantes à partir de textes. Ces modèles tiennent compte non seulement des aspects linguistiques du texte, mais aussi du ton émotionnel et de l'environnement acoustique du locuteur. Il en résulte des voix synthétiques qu'il est difficile de distinguer des voix réelles.

Le fonctionnement de VALL-E est basé sur un entraînement extensif avec des données vocales. Les modèles d'IA apprennent à reconnaître des modèles et des caractéristiques dans la parole et à les appliquer dans la génération de voix. L'utilisation de techniques d'apprentissage en profondeur leur permet de mieux saisir la qualité de la voix et les nuances du langage humain.

L'impact de ces progrès sur l'industrie musicale est multiple. La synthèse vocale guidée par l'IA peut par exemple être utilisée pour générer des morceaux de musique avec des paroles chantées. Cela ouvre de nouvelles possibilités aux compositeurs et aux producteurs à la recherche d'approches innovantes et d'idées créatives. Les artistes peuvent également synthétiser leurs propres voix et les utiliser dans leurs productions musicales afin de créer des expériences sonores uniques et personnalisées.

Toutefois, l'utilisation de l'IA dans la synthèse vocale soulève également des questions juridiques et éthiques. Jusqu'à présent, il n'existe pas de dispositions juridiques claires concernant la protection des voix synthétiques et des styles artistiques. Les décisions de justice dans des affaires d'imitation de voix ont montré que la protection de traits de personnalité artistiques tels qu'une voix caractéristique est possible. Néanmoins, la question demeure de savoir qui devrait bénéficier de l'utilisation d'un style, d'une intonation ou d'un dialecte particulier.

L'industrie de la musique et d'autres parties prenantes sont conscientes des défis et travaillent à l'élaboration de directives et de meilleures pratiques pour la gestion de la musique et de la synthèse vocale générées par l'IA. Des initiatives telles que la Human Artistry Campaign militent pour la protection de la culture et de l'art contre les effets potentiels de l'IA. Elles appellent à la transparence, au respect des artistes et à la conformité avec les lois et les droits d'auteur existants.

Malgré les questions juridiques et éthiques, les technologies de synthèse vocale et de clonage vocal contrôlées par l'IA offrent un énorme potentiel à l'industrie musicale. Elles ouvrent de nouvelles possibilités créatives et peuvent élargir les capacités d'expression artistique. L'élaboration de nouvelles normes et standards est essentielle pour garantir que les artistes soient rémunérés de manière équitable et que leurs droits soient protégés.

On peut s'attendre à ce que les technologies de synthèse vocale et de clonage vocal guidées par l'IA continuent à progresser. De nouveaux modèles et algorithmes seront développés afin d'améliorer la qualité, le naturel et la polyvalence des voix synthétiques. On peut également s'attendre à ce que le cadre juridique continue d'évoluer afin de garantir la protection des droits des artistes et la responsabilité dans l'utilisation de l'IA.

L'avenir de la synthèse vocale promet des développements et des défis passionnants. La technologie continuera à repousser les limites du possible et à ouvrir de nouvelles possibilités créatives. Il appartient à l'industrie musicale, aux artistes, aux chercheurs et aux législateurs de travailler ensemble pour exploiter le potentiel de la synthèse vocale guidée par l'IA tout en protégeant l'intégrité artistique et les droits des créateurs.

# Chapitre 15

## L'IA et les genres musicaux :
## Découverte de nouveaux univers sonores et fusion des styles

L'utilisation de l'intelligence artificielle (IA) dans le secteur de la musique ouvre des voies fascinantes pour l'émergence de genres musicaux innovants et l'association de styles très différents. Les systèmes d'IA sont capables d'identifier les modèles caractéristiques et les tendances actuelles de la musique. À partir de là, ils créent des sons et des mélodies distinctifs qui n'avaient jamais été entendus auparavant. Ce processus repousse les limites de l'expression créative et donne naissance à des univers sonores totalement inédits. L'application de l'IA permet aux musiciens et aux producteurs d'entrelacer une variété de styles et de genres d'une manière jusqu'alors inconnue. Par exemple, les systèmes d'IA peuvent associer des aspects du hip-hop à des éléments sonores électroniques ou combiner des formes musicales traditionnelles avec des influences modernes.

Ce processus créatif aboutit à des genres hybrides qui élargissent à la fois la diversité et la capacité d'innovation dans le paysage musical. Un autre aspect passionnant est la capacité de l'IA à faire revivre des genres musicaux disparus ou tombés dans l'oubli. En analysant les enregistrements historiques et les caractéristiques musicales, les systèmes d'IA peuvent saisir l'essence unique de certains genres et les réinterpréter. Cette technologie permet de faire revivre des traditions musicales oubliées et d'attirer une nouvelle génération d'auditeurs vers ces sonorités particulières.

Toutefois, l'utilisation de l'IA dans la création musicale présente également des défis. Il existe un risque que les algorithmes d'IA aient tendance à s'appuyer sur des modèles et des tendances déjà établis, limitant ainsi la diversité et l'individualité dans le paysage musical.
La création de nouveaux genres nécessite souvent des approches audacieuses et expérimentales qui peuvent ne pas être reconnues par les systèmes d'IA. Il est donc important que les musiciens et les producteurs continuent à préserver leur liberté créative et à utiliser l'IA comme un outil pour élargir leur vision, plutôt que de s'appuyer exclusivement sur des suggestions générées par l'IA.

En outre, il est crucial que les genres musicaux générés par l'IA ne soient pas considérés comme des substituts aux genres existants, mais comme un complément et un enrichissement de la diversité musicale. L'IA peut contribuer à explorer de nouveaux horizons artistiques, mais les genres traditionnels et leurs formes d'expression uniques doivent continuer à être appréciés et cultivés. La combinaison de la créativité humaine et de l'IA peut donner des résultats passionnants. Les musiciens et les producteurs peuvent utiliser les systèmes d'IA comme un outil pour élargir leur vision musicale et découvrir de nouvelles formes d'expression. En expérimentant avec l'IA, ils peuvent trouver de nouvelles façons d'exprimer leur identité et leur individualité dans la musique. Dans l'ensemble, l'utilisation de l'IA dans la création musicale ouvre un monde de possibilités et de paysages sonores innovants. Il appartient aux artistes et à la communauté musicale de saisir ces opportunités tout en veillant à ce que la diversité, l'individualité et l'intégrité artistique soient préservées. Il est important que les musiciens et les producteurs continuent à apporter leur propre voix créative et ne dépendent pas uniquement des algorithmes d'intelligence artificielle.

Le défi consiste à trouver un équilibre entre l'exploitation de la puissance de l'IA et la préservation de la singularité humaine. L'IA peut servir de partenaire créatif en fournissant de nouvelles idées et de l'inspiration, mais en fin de compte, c'est aux artistes de façonner ces idées et de les doter de leur propre personnalité. Une autre question qui devrait être discutée en rapport avec l'IA et les genres musicaux est celle de l'accessibilité. La musique générée par l'IA peut contribuer à faire tomber les barrières musicales et à rassembler des personnes d'horizons musicaux différents.

En combinant différents styles et sons, il est possible de créer de nouveaux genres qui attirent un large éventail d'auditeurs et contribuent à la diversité musicale. En outre, l'IA peut aider à personnaliser les genres musicaux et à les adapter aux préférences individuelles. En analysant les données des utilisateurs et leurs préférences musicales, l'IA peut fournir des recommandations musicales personnalisées et permettre aux auditeurs de découvrir de nouveaux genres qui correspondent à leurs goûts. Cela contribue à élargir les horizons musicaux et à créer une expérience musicale personnalisée.

Le fait est que l'IA et les genres musicaux forment un mariage passionnant. La fusion des styles, la création de nouveaux genres et la recommandation musicale personnalisée ne sont que quelques exemples des possibilités offertes par l'intégration de l'IA dans la musique. C'est à la communauté musicale de saisir ces opportunités et de repousser les limites de la créativité tout en préservant la diversité et l'unicité de la musique. L'avenir des genres musicaux sera marqué par la collaboration avec l'IA, créant ainsi un paysage musical riche en innovations, en expérimentations sonores et en épanouissement créatif.

# Chapitre 16

## IA et recommandations musicales personnalisées :
## La fin du mainstream ?

Ces dernières années, l'intelligence artificielle (IA) a eu un impact considérable sur l'industrie musicale. Les algorithmes basés sur l'IA ont notamment joué un rôle important dans le domaine des recommandations musicales personnalisées. Cette technologie a permis aux services musicaux de fournir à leurs utilisateurs des recommandations sur mesure basées sur leurs préférences et habitudes d'écoute individuelles. L'expérience d'écoute s'en trouve fortement modifiée et la question se pose de savoir si nous nous approchons de la fin du mainstream.

Autrefois, les médias grand public comme la radio et les classements musicaux dominaient le chœur des recommandations. Ils tenaient fermement le micro, contrôlaient quelles chansons étaient jouées sur les scènes du grand public, créant souvent des plateformes inégales où certains genres, artistes et morceaux se taillaient la part du lion de la gloire, tandis que d'autres languissaient en arrière-plan. Ce vieux rythme a conduit à une diversité musicale limitée et a empêché de nombreux artistes émergents de faire entendre leur voix dans le monde.

Mais l'introduction de l'IA et des recommandations musicales personnalisées a remodelé cette vérification du son. Aujourd'hui, ce sont des algorithmes d'IA qui dansent à travers l'histoire musicale, les préférences et les habitudes d'écoute de chaque auditeur afin de composer des listes de lecture personnalisées. Ces chefs d'orchestre virtuels lisent des modèles et des corrélations dans les données afin de trouver des correspondances mélodiques qui correspondent aux goûts uniques de chaque auditeur.

Ce processus nous ouvre la porte à des trésors musicaux cachés - de nouveaux genres, des artistes indépendants et des morceaux peu connus, parfois cachés dans l'ombre du mainstream. Pour les artistes émergents, l'IA transforme le rêve de rendre leur musique accessible à un public plus large en une réalité tangible, sans avoir besoin du soutien des grandes maisons de disques. En figurant sur les listes de recommandations de l'IA, ces âmes créatives bénéficient d'une plate-forme pour diffuser leur musique et se constituer une base de fans fidèles.

En outre, les recommandations musicales personnalisées sont un tremplin pour la création de communautés musicales. Les algorithmes d'IA harmonisent les auditeurs ayant des goûts similaires, créant ainsi un espace numérique pour l'échange et le partage des morceaux musicaux préférés. Il s'agit d'une danse harmonieuse entre la technologie et la vie sociale, qui démocratise davantage le monde de la musique et favorise le dialogue et l'interaction entre les amateurs de musique.

Bien entendu, l'orchestre toujours plus grand de l'IA et des recommandations musicales personnalisées soulève également quelques défis et préoccupations. L'une des principales préoccupations concerne l'utilisation des données utilisateur et la protection de la vie privée. Les partitions dont les algorithmes d'IA ont besoin pour leurs recommandations sont constituées de nombreuses données sur le comportement d'écoute des utilisateurs. Cette abondance d'informations peut toutefois entonner une mélodie de questions et de préoccupations concernant la vie privée et la sécurité des données. Il est donc essentiel que les services musicaux adoptent une approche transparente et établissent des politiques claires concernant l'utilisation et la protection des données des utilisateurs. En respectant ces directives, ils peuvent gagner la confiance des utilisateurs tout en évitant toute forme d'abus de données.

En outre, les recommandations musicales basées sur l'IA peuvent, si elles ne sont pas utilisées avec précaution, conduire à la formation de ce que l'on appelle des bulles de filtre et des chambres d'écho. Les algorithmes d'IA qui génèrent des recommandations personnalisées sur la base des préférences antérieures d'un utilisateur pourraient involontairement contribuer à ce que les auditeurs restent coincés dans leur zone de confort musical et n'explorent pas de nouveaux genres ou artistes. Il pourrait en résulter une fragmentation du paysage musical, différents groupes d'auditeurs restant fidèles à leurs propres univers musicaux distincts, sans se rencontrer ou s'inspirer d'autres genres. Il est donc important que les algorithmes d'IA soient programmés de manière à non seulement confirmer les préférences musicales des utilisateurs, mais aussi à promouvoir la diversité musicale et à encourager les utilisateurs à vivre de nouvelles expériences musicales au-delà de leurs genres habituels.

Un autre aspect critique à prendre en compte est le rôle de l'IA dans l'évaluation et la promotion de la musique. Les algorithmes d'IA basés sur des données historiques risquent de renforcer les préjugés et les inégalités existants dans l'industrie musicale. Par exemple, si certains genres ou artistes dominent déjà, les algorithmes d'IA pourraient avoir tendance à continuer à les favoriser, tandis que des artistes moins connus ou sous-représentés descendraient dans la liste des recommandations. Cela pourrait avoir pour conséquence de concentrer encore plus le pouvoir et les ressources entre les mains d'un petit groupe d'artistes et de labels établis. Il est donc essentiel que les algorithmes d'IA soient justes et équilibrés dans l'analyse et la pondération des données afin de garantir une plus grande diversité et une égalité des chances dans l'industrie musicale.

En outre, la dépendance croissante de l'IA dans l'industrie musicale pourrait également avoir un impact sur la créativité artistique. Les artistes pourraient se sentir contraints d'adapter leur musique aux préférences et aux goûts identifiés par les algorithmes d'IA afin d'accroître leur visibilité et leur audience. Alors que cela pourrait potentiellement conduire à un plus grand nombre d'auditeurs, cela pourrait également limiter la liberté et l'originalité artistiques et conduire à une homogénéisation de la musique.

Enfin, il ne faut pas négliger le risque d'une personnalisation excessive. S'il est certainement souhaitable que les utilisateurs découvrent de la musique qui correspond à leurs préférences individuelles, une personnalisation trop poussée peut également avoir pour effet de les isoler d'expériences musicales nouvelles et différentes. Il convient de trouver un équilibre entre la fourniture de recommandations personnalisées et la garantie que les utilisateurs ont toujours la possibilité de sortir de leur zone de confort musical et d'explorer un large éventail de genres et de styles musicaux.

L'impact immense des recommandations musicales personnalisées basées sur l'IA est difficilement contestable. Elles offrent aux auditeurs la possibilité de vivre une expérience d'écoute plus profonde et plus variée, qui dépasse les frontières traditionnelles. Elles offrent aux artistes émergents un tremplin efficace pour se faire connaître d'un public plus large, réaliser leur potentiel et construire leur carrière. Cette technologie a la capacité de remodeler l'industrie musicale de fond en comble, de réduire le fort contrôle des médias traditionnels grand public et de créer un espace plus démocratique pour la musique. Toutefois, les services musicaux ont une grande responsabilité à cet égard : ils doivent veiller à ce que l'application de l'IA se fasse d'une manière équitable, transparente et qui réponde aux besoins et aux intérêts des auditeurs comme des artistes.

Ainsi, les recommandations musicales personnalisées, soutenues par l'IA, ont fondamentalement transformé l'expérience et la consommation de la musique. Elles offrent un large éventail de possibilités en matière de diversité, de création de communautés et de découvertes hors du courant dominant. Dans le même temps, des questions importantes relatives à la protection des données, à la diversité et à l'équité doivent être prises en compte et traitées de manière approfondie.
Il faut veiller à ce que les recommandations basées sur l'IA exploitent pleinement le potentiel de l'industrie musicale tout en répondant aux besoins et aux préférences des auditeurs. Le développement et l'optimisation continus des algorithmes d'IA doivent viser à fournir des recommandations musicales personnalisées qui tiennent compte des goûts individuels des auditeurs tout en représentant un large éventail de genres musicaux et d'artistes.

L'intégration de l'expertise humaine dans le processus de recommandation est tout aussi importante. Les algorithmes d'IA sont certes capables d'analyser efficacement les données et d'identifier des modèles, mais ils ne peuvent pas saisir la résonance émotionnelle et la signification culturelle de la musique de la même manière que les humains. Grâce à une synergie entre l'IA et la curation et l'évaluation humaines, les services musicaux peuvent créer un équilibre. Ils peuvent fournir des recommandations basées sur la précision algorithmique, mais aussi faire appel à la compréhension, à la sensibilité et à l'expertise de curateurs humains. Cette approche hybride peut contribuer à améliorer la qualité des recommandations musicales et à offrir une expérience musicale plus riche et plus authentique.

En outre, non seulement la transparence, mais aussi la compréhension devraient être une caractéristique fondamentale des algorithmes d'IA. Il devrait être facile et simple pour les utilisateurs de comprendre les mécanismes derrière les recommandations, les facteurs qui influencent la sélection et la manière dont leurs préférences et leurs habitudes d'écoute sont prises en compte dans les résultats. Une conception claire et transparente des algorithmes peut renforcer la confiance des utilisateurs dans le service et leur permettre de faire des choix éclairés. Elle peut les aider à tirer le meilleur parti des services musicaux recommandés et à organiser leur voyage musical en fonction de leurs souhaits et de leurs besoins.

Il est essentiel que l'utilisation de l'IA n'affecte pas ou ne limite pas la créativité et la diversité humaines, mais qu'elle les encourage et les élargisse. La technologie doit être considérée comme un outil qui améliore l'expérience d'écoute et facilite l'accès à une grande variété de contenus musicaux, plutôt que de promouvoir une plus grande homogénéisation de l'industrie musicale. Il faut tenir compte du fait que la musique est à la fois une expression de l'individualité et un lien culturel, et que sa diversité et son étendue doivent être préservées et cultivées.

Dans leur ensemble, les recommandations musicales personnalisées basées sur l'IA offrent un éventail impressionnant de possibilités pour les auditeurs et les artistes. Elles ouvrent la voie à une expérience musicale plus intense, plus personnalisée et plus variée. Elles offrent aux artistes émergents de nouvelles possibilités de s'affirmer dans le monde de la musique, de présenter leur musique à un public plus large et d'établir leur propre style et leur propre voix. Il est toutefois essentiel que la mise en œuvre et l'utilisation de cette technologie se fassent de manière responsable, réfléchie et en tenant compte de la protection des données, de la diversité et de l'équité. Ce n'est que lorsque ces préoccupations seront mises en pratique que la recommandation musicale basée sur l'IA pourra déployer tout son potentiel et contribuer à un paysage musical florissant, diversifié et inclusif, dans lequel tous les participants pourront trouver leur place et apporter leur contribution.

# Chapitre 17
## L'IA et la prédiction des hits :
## Facteurs de succès dans l'industrie musicale

Dans les coulisses agitées de l'industrie musicale, le mot-clé "succès" est toujours présent et détermine les carrières des artistes, le cours des maisons de disques et le rythme des services de streaming. Les cerveaux intelligents de l'intelligence artificielle (IA) jouent ici un rôle de plus en plus important en anticipant le succès des morceaux de musique et en influençant ainsi le rythme palpitant de l'industrie.

L'IA, équipée d'outils d'analyse aussi pointus qu'un riff de guitare, scanne d'immenses bibliothèques de chansons et décrypte les modèles cachés qui font l'éclat étincelant d'un hit. Rien n'échappe à son oreille numérique : des détails musicaux tels que le tempo, la tonalité et les suites d'accords, aux subtilités lyriques, en passant par les standards de production, les habitudes d'écoute et les tendances actuelles du business musical.

Le mot magique de l'IA est "reconnaissance de formes", et elle le maîtrise à la perfection. Elle est capable de traiter d'énormes quantités de données en très peu de temps et de détecter des indices subtils sur les facteurs de réussite. Le résultat ? Un pronostic efficace et rapide des hits potentiels, avant même qu'ils n'atteignent l'éther musical.

Mais l'arène de l'IA n'est pas une simple fête de la joie. Le paysage en constante évolution des préférences et des tendances musicales représente un défi. Et malgré leurs capacités impressionnantes, le succès d'une chanson reste souvent aussi difficile à saisir que l'accord de guitare parfait. Enfin, les goûts musicaux sont un phénomène complexe et subjectif qui ne peut pas être capturé par des algorithmes.

Il y a aussi un danger qui se cache derrière la façade brillante de l'IA. Si nous nous fions trop à elle, elle pourrait restreindre le champ florissant de la créativité musicale en passant outre la musique inhabituelle et innovante qui s'écarte des modèles établis. Les joyaux scintillants de l'industrie musicale - l'originalité et la singularité - risquent ainsi de passer inaperçus.

Pour éviter de tomber dans ce piège, nous devons considérer l'IA pour ce qu'elle est : un outil, pas un chef d'orchestre. L'expertise humaine et le jugement artistique restent indispensables lorsqu'il s'agit d'évaluer pleinement le succès potentiel d'une chanson.

Mais malgré ses défis, l'IA offre des possibilités fascinantes en matière de prédiction des hits. Elle pourrait optimiser le processus de sélection musicale et améliorer la précision de la prédiction des hits. Il est important de respecter les limites de l'IA et de veiller à ce que l'originalité musicale, la diversité et les développements créatifs ne soient pas négligés.

Et n'oublions pas l'élément le plus important de ce processus le public : le public. En fin de compte, c'est l'auditeur qui décide de ce qui devient un hit et de ce qui ne l'est pas. L'IA peut certes détecter les tendances et les préférences, mais la musique est une expérience profondément personnelle, et les goûts sont aussi variés qu'un orchestre.

L'un des chapitres les plus fascinants de l'histoire de l'IA en matière de musique est le développement de recommandations musicales personnalisées. Ici, avec les préférences et les humeurs des auditeurs comme boussole, l'IA montre la voie vers des découvertes musicales adaptées aux goûts de chacun. Il s'agit d'une approche sur mesure qui augmente les chances que la musique trouve des oreilles attentives.

Malgré toutes ces avancées technologiques, nous ne devons jamais oublier que la prédiction des hits n'est pas le but ultime de l'industrie musicale. La créativité, l'innovation et la production de musique de haute qualité sont toujours sous les feux de la rampe. L'IA peut servir d'outil utile pour aider les musiciens à atteindre de nouveaux sommets créatifs et à optimiser leur processus artistique.

La musique du futur ressemble à une symphonie harmonieuse entre l'IA et les musiciens humains. L'interaction de la créativité, de l'expression émotionnelle et du talent artistique humains avec les capacités d'analyse de l'IA pourrait donner naissance à des chefs-d'œuvre musicaux passionnants et innovants.

Nous retenons que l'application de l'IA dans la prédiction des hits de l'industrie musicale apporte à la fois des mélodies de succès et des notes dissonantes. Il faut comprendre le rôle de l'IA comme un outil de soutien et apprécier la beauté de l'originalité artistique, la diversité et l'expertise humaine. Seule une intégration équilibrée de l'IA et de la créativité humaine nous permettra d'exploiter pleinement la riche palette de l'industrie musicale.

# Chapitre 18

## L'IA et les performances en direct
## Une révolution grâce aux applications innovantes

L'introduction et l'application de l'intelligence artificielle (IA) dans les performances en direct ouvrent un éventail impressionnant de possibilités innovantes. Celles-ci peuvent révolutionner de fond en comble les concerts et les spectacles vivants. Les technologies basées sur l'IA ont le potentiel de créer une expérience impressionnante et sans faille pour le public, en optimisant une multitude d'aspects tels que l'éclairage, l'acoustique et le mixage sonore.

Une application pratique particulièrement fascinante de l'IA est le contrôle intelligent de l'éclairage pendant un concert en direct. En utilisant des algorithmes d'IA spécialisés, les systèmes d'éclairage peuvent être contrôlés en temps réel afin de capturer l'ambiance et l'atmosphère exactes de la musique jouée. L'IA peut effectuer des analyses en temps réel de la musique afin de créer automatiquement le scénario d'éclairage approprié en fonction du rythme, du tempo et de l'ambiance. La synchronisation précise des effets d'éclairage avec les moments forts de la musique permet de créer une expérience visuelle captivante qui renforce l'impact de la performance en direct et plonge le public encore plus profondément dans la musique.

Les algorithmes d'IA ont le potentiel de synchroniser automatiquement les contenus visuels - comme les vidéos, les animations et les effets lumineux - et de les adapter exactement à la performance en direct. L'IA analyse ainsi en permanence la musique et crée en temps réel un accompagnement visuel époustouflant qui captive le public et souligne visuellement l'atmosphère de la musique. La performance en direct devient ainsi une expérience intense et captivante qui stimule les sens du public à plusieurs niveaux.

Un autre domaine d'application très intéressant de l'IA dans les performances en direct est l'acoustique sur mesure pour chaque auditeur individuel pendant un concert. Les systèmes audio basés sur l'IA peuvent créer des profils sonores individuels pour chaque spectateur et adapter l'expérience sonore aux habitudes d'écoute et aux préférences de chacun. Grâce à l'utilisation de capteurs et d'algorithmes très sensibles, l'IA peut ajuster en temps réel la qualité sonore en fonction de la position de chaque auditeur dans la salle, afin de garantir que chacun bénéficie de la meilleure expérience auditive possible. Il en résulte une expérience sonore uniforme et optimisée pour l'ensemble du public.

L'application innovante de l'IA dans le contexte des performances en direct va encore plus loin avec l'introduction du mixage par IA pour les groupes. Au lieu d'un ingénieur du son humain, un logiciel basé sur l'IA peut ici être utilisé pour mixer le son en direct pendant le concert. L'IA analyse les signaux audio de différents instruments et voix en temps réel et ajuste automatiquement le volume, l'égaliseur et d'autres paramètres afin de garantir un son équilibré et professionnel. Cela permet aux artistes de se concentrer entièrement sur leur performance, tandis que l'IA prend en charge l'ensemble du processus de mixage de manière fiable et précise.

En résumé, l'intégration de l'IA dans les performances en direct offre une multitude de possibilités innovantes. Du contrôle intelligent de l'éclairage à l'acoustique sur mesure, en passant par le mixage par IA et les visuels automatiques, l'IA permet de transformer les concerts et les spectacles en direct, en faisant passer l'expérience traditionnelle à un niveau supérieur. Ces applications innovantes peuvent également permettre d'économiser des ressources et des coûts, contribuant ainsi à une pratique événementielle plus efficace et durable.

Un autre domaine très prometteur est la mise en œuvre d'instruments contrôlés par l'IA. Les artistes ont la possibilité d'utiliser des instruments basés sur l'IA qui sont capables d'apprendre et de réagir en temps réel. Ces instruments peuvent enregistrer et élargir les idées musicales des artistes afin de créer une image sonore plus riche et plus complexe. Ils peuvent par exemple ajouter des harmonies, générer automatiquement des mélodies d'accompagnement appropriées ou créer des motifs rythmiques complexes. Cela ouvre de nouveaux horizons pour l'improvisation et la création de performances live uniques et inoubliables.

En outre, l'IA peut également contribuer à améliorer et à intensifier l'interaction avec le public. Les systèmes contrôlés par l'IA peuvent effectuer des analyses en temps réel du comportement du public et réagir à ces informations. Ils pourraient par exemple tenir compte des réactions du public à certains éléments musicaux et adapter la performance en conséquence. Cela crée une dynamique vivante et interactive entre les artistes et leur public, ce qui ajoute une dimension supplémentaire à l'expérience du concert et la rend encore plus intense.

L'association de l'IA avec la réalité virtuelle (VR) et la réalité augmentée (AR) marque une avancée révolutionnaire dans le domaine des performances en direct et de la création de concerts. Les algorithmes basés sur l'IA sont capables de créer en temps réel des mondes virtuels impressionnants ou des effets visuels fascinants, qui interagissent de manière transparente et dynamique avec la performance en direct.

Un exemple passionnant pourrait être la création d'hologrammes d'artistes virtuels se produisant sur scène en compagnie d'artistes réels. Dans ce cas, l'IA pourrait être utilisée pour analyser les mouvements et les choix musicaux de l'artiste réel et utiliser ces informations pour adapter la performance de l'hologramme en temps réel. Il en résulterait une symbiose technique impressionnante et le public entrerait dans une nouvelle dimension fascinante de la musique en direct.

De plus, les spectateurs équipés de lunettes VR pourraient être plongés dans un environnement virtuel immersif, en totale synchronisation avec la musique. Ils pourraient non seulement voir l'artiste de près, mais aussi faire l'expérience visuelle et sonore du monde que l'artiste tente de créer à travers sa musique. Par exemple, une chanson sur une forêt pourrait donner lieu à une expérience virtuelle dans laquelle les spectateurs pourraient "voir" la forêt autour d'eux. Cela ouvrirait un tout nouveau niveau d'interprétation musicale et d'expérience d'écoute.

Un autre aspect qui n'a pas encore été exploré pourrait être l'implication des spectateurs dans la conception de la performance. Grâce à la RA, les spectateurs pourraient être encouragés à "dessiner" sur la scène à l'aide de leurs appareils mobiles et à participer ainsi à l'esthétique visuelle du spectacle. L'IA pourrait analyser ces entrées en temps réel et les intégrer dans la performance, créant ainsi une dynamique interactive entre les artistes et leur public.

Il est évident que les possibilités d'intégration de l'IA, de la RV et de l'AR dans les performances en direct sont presque illimitées et ouvrent les portes à des expériences jusqu'ici inimaginables. Mais en même temps, il est essentiel de prendre soigneusement en compte les aspects éthiques et artistiques liés à l'utilisation de l'IA dans la musique. Il est important que les artistes conservent leur intégrité artistique et veillent à ce que la technologie IA soit utilisée comme un outil permettant d'élargir les possibilités d'expression créative, et non comme un substitut à la créativité humaine irremplaçable.

# Chapitre 19

## L'attaque des artistes synthétiques

L'industrie de la musique traverse une ère de changement, dans laquelle les nouvelles technologies telles que les avatars et les artistes synthétiques prennent de plus en plus d'importance. Dans ce chapitre, nous nous pencherons sur ces évolutions et discuterons de leur impact sur le secteur.

L'essor des avatars dans l'industrie musicale est indéniable. Les groupes et artistes virtuels utilisent de plus en plus les spectacles holographiques et les représentations immersives pour enthousiasmer le public. Le groupe virtuel Gorillaz, qui connaît un succès mondial avec des personnages animés et des spectacles scéniques élaborés, en est un exemple éminent. De tels avatars permettent aux artistes d'aller au-delà des limites de la réalité et de créer des expériences visuelles uniques.

L'impact de cette évolution sur les pratiques et les modèles de revenus de l'industrie musicale est significatif. Les avatars ouvrent de nouvelles possibilités pour les concerts en direct et les représentations virtuelles, qui peuvent avoir lieu indépendamment des lieux physiques. Cela élargit la portée des artistes et leur permet de s'adresser à un public mondial. Parallèlement, la vente de billets de concert virtuels, le merchandising et les partenariats avec des marques constituent de nouvelles sources de revenus.

Outre la montée en puissance des avatars, l'attaque des artistes synthétiques n'est pas à négliger. Grâce à l'intelligence artificielle, des morceaux de musique de plus en plus réalistes sont créés par des artistes synthétiques. Ces artistes n'existent que numériquement et sont entièrement générés par des algorithmes. Ils peuvent avoir des voix semblables à celles des humains et être capables de composer des chansons dans différents styles et genres.

Le succès des artistes synthétiques est particulièrement visible en Asie. Des idoles virtuelles comme Hatsune Miku ont une énorme communauté de fans et remplissent des salles de concert avec des performances holographiques. En Occident aussi, les artistes synthétiques gagnent en popularité, comme le montre l'exemple de Lil Miquela, une influenceuse virtuelle qui publie également de la musique.

Toutefois, cette évolution soulève également des questions importantes. Quel est l'impact de l'essor des artistes synthétiques sur le rôle des musiciens humains ? Seront-ils de plus en plus remplacés par de la musique créée par des algorithmes ? Et comment le travail créatif et les droits de propriété intellectuelle des musiciens seront-ils protégés et rémunérés dans une industrie de plus en plus influencée par l'IA ? La réponse à ces questions est complexe et controversée. Certains affirment que les artistes synthétiques sont complémentaires des musiciens humains et qu'ils offrent de nouvelles possibilités créatives. D'autres craignent qu'ils représentent une menace et rendent les musiciens humains obsolètes.

Il est important que l'industrie musicale trouve un moyen de rémunérer et de reconnaître de manière adéquate le travail créatif des musiciens nommés dans une industrie influencée par l'IA. Cela peut nécessiter de nouveaux modèles et mécanismes de rémunération des musiciens, qui tiennent compte à la fois du travail avec des artistes de synthèse et des intérêts des artistes humains.

En outre, la question de l'authenticité et du lien émotionnel avec la musique se pose. Les artistes synthétiques et les avatars peuvent-ils susciter le même lien émotionnel et la même dévotion chez le public que les musiciens humains ? La musique a la capacité de susciter des émotions profondes et de créer un lien personnel. On peut se demander si les artistes synthétiques peuvent reproduire entièrement cette expérience humaine.

Le temps des grandes stars pourrait également être remis en question. Dans un monde où les artistes synthétiques sont de plus en plus populaires, l'idée d'un seul musicien éminent pourrait s'estomper. A la place, nous pourrions assister à une multitude d'artistes virtuels représentant différents genres et styles.

Il est toutefois important de souligner que ces évolutions ne signifient pas nécessairement la fin de la musique humaine. La force d'expression unique, la créativité et l'intuition humaine restent irremplaçables. La musique est une forme d'épanouissement personnel et d'expression des émotions qui est influencée par l'expérience humaine. Alors que les avatars et les artistes synthétiques prennent leur place dans l'industrie musicale, il y aura toujours des auditeurs qui cherchent à se connecter à de vraies personnes.

Dans l'ensemble, l'essor des avatars et l'attaque des artistes de synthèse recèlent à la fois des opportunités et des défis pour l'industrie musicale. De nouvelles possibilités créatives et de nouvelles sources de revenus s'ouvrent, mais en même temps, elles soulèvent des questions sur l'authenticité, la rémunération et la valeur de la créativité humaine. L'avenir montrera comment ces développements évolueront et comment le secteur y répondra. Il incombe à l'industrie musicale de trouver la bonne voie pour protéger et promouvoir la diversité et la valeur de la musique dans un paysage technologique en pleine évolution.

# Chapitre 20

## Le lien émotionnel avec la musique :
## Les chansons générées par l'IA peuvent-elles susciter de véritables émotions ?

Le lien entre l'intelligence artificielle (IA), la musique et les émotions est un domaine de recherche fascinant qui évolue rapidement. Au fur et à mesure que les systèmes d'IA progressent, la question se pose de savoir si les machines sont capables de générer de la musique qui suscite de véritables émotions chez les auditeurs. Ce chapitre explore l'état actuel de la musique générée par l'IA et son potentiel à s'adresser au cœur émotionnel de l'expérience humaine.

Ces dernières années, la musique générée par l'IA s'est considérablement développée. Les algorithmes peuvent désormais composer des morceaux originaux dans différents genres, de la musique classique à la pop. Ces compositions sont souvent créées à l'aide de techniques d'apprentissage en profondeur, dans lesquelles les réseaux neuronaux sont entraînés à partir de grands ensembles de données de musique existante. Les réseaux génèrent ensuite de la nouvelle musique sur la base des modèles et des structures qu'ils ont appris à partir des données d'entraînement.

Malgré ces progrès, il existe toujours un débat sur la question de savoir si la musique générée par l'IA peut réellement susciter des émotions chez les auditeurs. Un argument contre cette possibilité est que les machines ne possèdent pas les expériences et les émotions humaines qui influencent et inspirent la création de musique. Les partisans de ce point de vue affirment que la musique générée par l'IA peut être techniquement impressionnante, mais qu'elle n'a pas la profondeur et la finesse émotionnelles que l'on retrouve chez les compositeurs humains, qui puisent dans leurs propres sentiments et expériences.

D'un autre côté, certains chercheurs et musiciens affirment que la musique générée par l'IA peut très bien susciter des émotions chez les auditeurs. Ils font remarquer que la musique est essentiellement une forme d'art basée sur des modèles et que la capacité de l'IA à analyser et à reproduire des modèles dans la musique existante signifie qu'elle peut également générer de la nouvelle musique qui présente des trajectoires émotionnelles similaires. En outre, l'impact émotionnel de la musique n'est pas uniquement déterminé par les intentions du compositeur ; les propres expériences et associations de l'auditeur jouent également un rôle important dans la manière dont il perçoit et réagit à un morceau de musique.

L'un des domaines dans lesquels la musique générée par l'IA s'est révélée prometteuse est la création de listes de lecture et de paysages sonores personnalisés. Les algorithmes d'IA peuvent analyser les préférences musicales d'un auditeur et créer des playlists sur mesure qui répondent à ses goûts individuels et peuvent susciter de fortes réactions émotionnelles. En outre, la musique générée par l'IA est utilisée dans des environnements thérapeutiques, par exemple pour aider les personnes souffrant d'anxiété ou de dépression, en créant des paysages sonores apaisants spécialement adaptés à leurs besoins.

Un autre développement intéressant dans le contexte de l'IA, de la musique et des émotions est l'utilisation de l'IA pour analyser le contenu émotionnel de la musique déjà existante. Des chercheurs ont développé des algorithmes capables de reconnaître les émotions véhiculées par un morceau de musique à partir de facteurs tels que la mélodie, l'harmonie et le rythme. Cette technologie a des applications potentielles dans des domaines tels que les systèmes de recommandation musicale qui, sur la base d'une analyse émotionnelle, peuvent suggérer des chansons adaptées à l'humeur ou à l'état émotionnel actuel d'un auditeur.

En résumé, la question de savoir si la musique générée par l'IA peut susciter de véritables émotions chez les auditeurs reste un sujet de débat et de recherche en cours. Bien qu'il soit vrai que les machines ne possèdent pas l'expérience et les émotions humaines qui caractérisent la création musicale, la nature de la musique basée sur des modèles et le rôle des propres expériences et associations de l'auditeur suggèrent que la musique générée par l'IA a le potentiel de susciter des réactions émotionnelles. Au fur et à mesure que l'IA et ses applications dans la création et l'analyse musicales progressent, il sera fascinant d'observer l'évolution de la relation entre l'IA, la musique et l'émotion.

La technologie derrière l'IA permet d'analyser des modèles et des structures dans la musique existante et de générer de nouveaux morceaux de musique à partir de ces données. Bien qu'à première vue, cela puisse paraître purement technique et calculatoire, il existe des arguments qui montrent que la musique générée par l'IA peut néanmoins avoir un impact émotionnel. En effet, la musique n'est pas seulement le résultat d'émotions humaines, mais aussi un moyen de transmettre des émotions et de créer une résonance chez l'auditeur.

Le rôle de l'auditeur lui-même est ici un aspect important. Les expériences et associations individuelles de chaque auditeur ont une influence déterminante sur l'effet que produit sur lui une musique donnée. La musique générée par l'IA peut tout à fait être en mesure de produire des modèles et des structures qui ressemblent au parcours émotionnel de la musique créée par l'homme et qui peuvent donc déclencher des réactions émotionnelles chez l'auditeur. Il ne s'agit donc pas seulement de savoir si l'IA elle-même a des émotions, mais plutôt de savoir comment la musique est perçue par l'auditeur et quelles émotions elle provoque chez lui.

Il est toutefois important de noter que la création par l'IA de musique ayant une signification profonde et une résonance émotionnelle se heurte également à certaines limites. Bien que l'IA puisse générer de la musique grâce à sa capacité d'analyse des modèles et des structures, elle n'a souvent pas l'intuition créative et la compréhension émotionnelle qu'apportent les compositeurs humains. Cela peut conduire à ce que la musique générée par l'IA soit perçue comme superficielle ou moins nuancée par rapport à la musique créée par des compositeurs humains.

# Chapitre 21

## Des pochettes et des clips musicaux générés par l'IA :
## Une nouvelle étape dans l'esthétique visuelle de la musique

L'intelligence artificielle (IA) avancée a ouvert un nouvel horizon dans la représentation visuelle des sorties musicales. Non seulement elle s'est intégrée dans la composition et la production de musique, mais elle a également un impact sur les aspects visuels, notamment sur les pochettes d'album et les clips musicaux. Les pochettes et les clips musicaux générés par l'IA représentent une nouvelle approche qui permet aux artistes de représenter visuellement leur musique et d'adopter une vision esthétique cohérente.

La génération d'images et de vidéos avec l'IA a créé un nouveau champ de possibilités pour la représentation artistique. Cela va de la création d'images de couverture reflétant le concept d'un album à la production de vidéos musicales qui racontent l'histoire derrière la musique. Dans ce contexte, la force de l'IA réside dans sa capacité à reconnaître des modèles et, sur cette base, à générer de nouvelles formes d'expression créative.

Certains artistes se concentrent avant tout sur la musique elle-même et considéraient souvent jusqu'à présent la création de pochettes d'album et de clips musicaux comme un processus chronophage. La technologie de l'IA permet toutefois de créer ces éléments visuels plus rapidement et plus efficacement. Les modèles d'IA peuvent générer des images de pochette uniques sur la base de préférences esthétiques ou d'œuvres d'art existantes qui plaisent à l'artiste. Cela permet aux artistes de capturer l'essence de leur musique et de donner de la cohérence à leur image de marque, sans pour autant négliger les subtilités de la représentation visuelle.

Les possibilités de l'IA s'étendent également aux clips musicaux, en utilisant des effets visuels et des éléments de storytelling époustouflants. L'utilisation de l'IA permet de générer des scènes animées, des effets numériques spectaculaires et des avatars ressemblant à des êtres humains. Ces éléments visuels contribuent à créer une expérience immersive qui plonge le public dans l'univers de l'artiste. La symbiose entre les éléments visuels générés par l'IA et la musique permet aux artistes de créer une œuvre d'art holistique qui présente un lien cohérent entre la musique et l'esthétique visuelle.

Pour certains artistes, la représentation visuelle reste une partie intégrante de leur vision artistique. L'intégration d'éléments visuels générés par l'IA dans leur travail ouvre de nouvelles voies créatives qui leur permettent d'exprimer leur vision artistique dans tous les aspects de leurs publications. Cette possibilité permet une symbiose plus profonde entre l'audio et la vidéo et crée une expérience plus complète et plus interactive pour le public.

Parallèlement, certains artistes se montrent critiques vis-à-vis de l'utilisation d'éléments visuels générés par l'IA. Ils craignent que l'utilisation croissante de l'IA ne conduise à une homogénéisation de l'esthétique visuelle, avec la perte d'expressions individuelles. Ces artistes continuent à préférer les œuvres d'art faites à la main et les représentations visuelles soigneusement mises en scène afin de donner à leur musique un profil visuel distinctif.

En résumé, les pochettes et les clips musicaux générés par l'IA ont le potentiel de modifier profondément la représentation visuelle de la musique. Elles offrent aux artistes de nouveaux outils pour visualiser leur musique et développer une vision esthétique cohérente. Malgré les divergences de vues sur l'utilisation de l'IA dans la représentation visuelle, il est indéniable que cette évolution ouvre une nouvelle dimension passionnante pour l'industrie musicale. Dans les années à venir, l'intégration des technologies d'IA dans l'aspect visuel des sorties musicales jouera probablement un rôle essentiel dans le développement et l'empreinte de l'industrie musicale.

# Chapitre 22

## Des paroles générées par l'IA
## et le dilemme de l'authenticité artistique

L'intelligence artificielle (IA) avancée a ouvert les portes à de nouveaux horizons en matière d'écriture. Les générateurs de texte et les modèles linguistiques ont prouvé qu'ils étaient capables de produire des textes semblables à ceux des humains et d'aider les musiciens et les auteurs-compositeurs à briser les barrières créatives. Ces progrès soulèvent toutefois des questions cruciales, notamment en ce qui concerne l'authenticité artistique et l'identification de l'influence humaine dans la musique.

Malgré les capacités impressionnantes des générateurs de texte d'IA, ils ont des difficultés à représenter correctement des aspects humains plus complexes tels que l'humour, l'ambiguïté ou les nuances culturelles. Leurs productions, bien que grammaticalement correctes et pertinentes, ne parviennent souvent pas à atteindre l'expression émotionnelle subtile ou le sens profond que les auteurs-compositeurs humains intègrent dans leurs œuvres.

De plus, il faut tenir compte de l'état actuel du développement de l'IA, qui se concentre davantage sur la langue anglaise. Cela est dû au fait que la plupart des modèles d'IA ont été entraînés sur des textes en anglais et qu'il y a donc moins de données disponibles dans d'autres langues. Cette situation peut conduire à des inégalités dans l'utilisation des textes générés par l'IA dans différentes cultures et zones linguistiques.

En outre, l'utilisation de paroles générées par l'IA peut rendre floue la frontière entre les paroles écrites par l'homme et celles générées par la machine. Cette ambiguïté pourrait nuire à la perception et à l'appréciation de la musique si la question se pose de savoir quelle partie de la chanson est réellement d'origine humaine et quelle partie a été générée par la machine.

Cette divergence pourrait entraîner une division au sein des créateurs de musique. Alors que certains sont critiques à l'égard de l'IA dans la production musicale, craignant de perdre la créativité et l'originalité humaines, d'autres y voient une source d'inspiration précieuse et un moyen de repousser les limites artistiques.

Des points de vue différents pourraient également émerger parmi les fans de musique. Alors que certains rejettent l'utilisation de paroles générées par l'IA et recherchent l'authenticité et l'émotion humaines dans la musique, d'autres pourraient saluer les nouvelles approches musicales basées sur l'IA, ainsi que la diversité et la force d'innovation qui en découlent.

Mais le développement rapide des technologies d'IA pourrait bientôt surmonter les défis existants. Avec des données suffisamment variées et de nouvelles avancées dans la recherche, les modèles d'IA pourraient apprendre à saisir des nuances culturelles et émotionnelles plus subtiles et à générer des textes de qualité dans d'autres langues également.

Il est essentiel pour l'industrie musicale de suivre de près ces évolutions et d'engager un dialogue ouvert sur l'impact des textes générés par l'IA et de l'écriture assistée. Des directives et des normes claires doivent être élaborées afin de préserver l'intégrité artistique et de respecter la diversité culturelle.

Enfin, l'avenir de la musique dépendra de la manière dont les artistes, les fans, l'industrie musicale et la société dans son ensemble aborderont les possibilités et les défis de l'IA dans la musique. Il sera essentiel de trouver un équilibre entre innovation et authenticité. Il s'agit de garantir que la créativité et l'émotion humaines restent appréciées et centrales dans la musique.

# Chapitre 23

## Le travail musical du futur :
## Défis et opportunités pour les artistes et les producteurs

Le développement rapide de l'intelligence artificielle (IA) n'influence pas seulement la musique en tant que forme d'art, mais aussi les méthodes de travail des musiciens et des producteurs. Dans un paysage musical marqué par l'IA, de nouveaux défis ainsi que des opportunités passionnantes apparaissent pour tous ceux qui travaillent dans l'industrie musicale.

L'automatisation des tâches est l'un des changements les plus importants apportés par l'IA. Les technologies d'IA permettent d'automatiser certains processus au sein de la production musicale. Par exemple, les algorithmes d'IA peuvent être utilisés pour optimiser le mixage et le mastering des morceaux de musique ou pour générer automatiquement des rythmes et des mélodies. Il en résulte une production plus rapide et plus efficace, car les tâches répétitives et chronophages peuvent être prises en charge par des systèmes d'IA. On peut toutefois se demander si une telle automatisation ne conduit pas les musiciens et les producteurs à perdre leur contrôle créatif et leur touche individuelle. Une utilisation équilibrée des technologies d'IA sera essentielle pour réaliser des gains d'efficacité tout en préservant la vision et l'authenticité artistiques.

L'intégration de l'IA dans le travail musical influence également le profil professionnel des musiciens et des producteurs. De nouvelles compétences et connaissances seront nécessaires pour exploiter pleinement le potentiel des technologies d'IA et interagir avec elles. Les musiciens pourraient être contraints d'apprendre à composer et à improviser avec des systèmes d'IA ou à les utiliser comme outils créatifs dans leurs prestations en direct.

Les producteurs devraient élargir leurs compétences techniques afin d'intégrer efficacement les algorithmes d'IA dans le processus de production. Parallèlement, les compétences et l'expertise traditionnelles resteront nécessaires pour garantir la qualité artistique et la profondeur émotionnelle de la musique. Le défi consiste à exploiter les nouvelles possibilités offertes par l'IA sans pour autant négliger l'intégrité artistique et la créativité humaine.

Alors que certains considèrent ces changements avec scepticisme et craignent que l'IA ne rende le travail musical obsolète, d'autres y voient une opportunité. L'utilisation de l'IA dans la musique peut conduire à une plus grande inclusion en permettant aux personnes qui n'ont pas accès à des instruments ou des studios coûteux de produire de la musique. L'IA peut également contribuer à créer des sons nouveaux et innovants en analysant la musique existante et en générant de nouvelles idées. En outre, il est possible de créer des expériences musicales personnalisées en utilisant des algorithmes d'IA qui prennent en compte les préférences et l'humeur des auditeurs et qui font des recommandations musicales sur une base individuelle.

Il est toutefois indispensable de prendre en compte les questions éthiques liées à l'utilisation de l'IA dans le travail musical. Par exemple, la génération automatique de musique à l'aide de l'IA peut poser des problèmes en matière de droits d'auteur. Lorsque des algorithmes d'IA créent des morceaux de musique qui rappellent fortement les œuvres d'autres artistes, des questions se posent quant à l'originalité et à la protection de la propriété intellectuelle. Il est nécessaire d'élaborer des directives et un cadre juridique clairs afin de garantir une utilisation juste et équitable de la musique générée par l'IA.

Un autre aspect qui doit être discuté est l'impact de l'IA sur l'authenticité créative dans la scène musicale. De nombreuses personnes apprécient la musique non seulement pour sa qualité technique, mais aussi pour les émotions et le lien personnel qu'elle transmet. La musique générée par l'IA peut certes être techniquement parfaite, mais on craint qu'elle ne manque de la touche humaine et du flair individuel apportés par les musiciens et producteurs humains.

Le défi consiste à trouver un équilibre entre l'efficacité et l'expression artistique afin de garantir que la musique générée par l'IA ne devienne pas une production de masse sans âme. Malgré ces défis, l'intégration de l'IA dans le travail musical offre également des possibilités fascinantes. Les musiciens et les producteurs peuvent profiter des gains d'efficacité et du soutien technique offerts par l'IA. De nouvelles idées musicales peuvent naître de la collaboration entre les systèmes d'IA et la créativité humaine. En outre, des expériences musicales personnalisées peuvent être créées, offrant aux auditeurs une expérience unique et individuelle.

Le travail musical de demain sera indéniablement influencé par l'IA. Il est de la responsabilité des musiciens, des producteurs, de l'industrie musicale et de la société dans son ensemble de gérer de manière responsable l'utilisation de l'IA dans la musique. L'objectif doit être de préserver l'intégrité créative, d'établir des normes éthiques et de veiller à ce que l'IA serve d'outil pour enrichir le travail musical et non pour le remplacer.

Le secteur de la musique est confronté à un avenir passionnant et stimulant, dans lequel l'IA jouera un rôle de plus en plus important. En exploitant le potentiel de l'IA tout en préservant leur vision artistique et leur authenticité humaine, les musiciens et les producteurs peuvent réussir cette nouvelle ère du travail musical et continuer à créer de la musique significative et émotionnelle pour un large public.

# Chapitre 24

## L'intelligence artificielle sous les feux de la rampe

Les ondes sonores de l'industrie musicale connaissent actuellement un changement remarquable dû à l'intervention d'une force invisible mais omniprésente : l'intelligence artificielle (IA). Des compositions automatisées aux effets d'amélioration du son, l'IA projette son ombre artistique sur le paysage musical et s'apprête à révolutionner le processus créatif.

Imaginez l'IA non pas comme une muse mécanique programmée pour générer des albums, mais comme un assistant invisible qui collabore avec les musiciens, capte leurs étincelles créatives et les aide à les transformer en feux d'artifice de productivité. Des outils comme Microsoft 365 Copilot et GitHub Copilot X jettent déjà une lumière fascinante sur l'avenir de la production musicale, dans lequel l'IA pourrait agir comme un copilote dans le studio.

Imaginez un avenir dans lequel un assistant musical basé sur l'IA deviendrait votre étoile directrice créative, vous guidant tout au long du processus de création musicale. Les possibilités sont illimitées. Peut-être vous aidera-t-elle à composer, à enregistrer vos mélodies et vos progressions d'accords et à en tirer des harmonies qui porteront vos chansons à de nouveaux niveaux. Peut-être utilise-t-elle ses connaissances presque infinies en matière de génération de sons pour vous aider à créer des sons uniques qui repoussent les limites de l'ordinaire.

L'IA pourrait analyser vos chansons, comprendre leurs structures et vous aider à créer des arrangements captivants. Elle pourrait vous aider à obtenir le mix parfait en vous conseillant sur l'optimisation de vos EQ et de vos techniques de compression.

L'intelligence artificielle pourrait même devenir votre critique de concert personnel, en analysant vos performances et en vous aidant à affiner vos compétences. Elle pourrait automatiser des tâches de routine comme la correction de la voix ou la quantification de la batterie afin de vous laisser plus de place pour la créativité.

Imaginez que vous ayez un collaborateur infatigable qui vous donne un feedback instantané et des suggestions créatives pendant que vous jammez, enregistrez ou collaborez en ligne avec d'autres musiciens. Une IA qui connaît vos préférences musicales et vous donne un feed-back contextuel pour améliorer votre processus créatif.

L'IA pourrait également devenir votre professeur de musique personnel, en vous fournissant des informations, des tutoriels et des leçons interactives adaptés à vos compétences. Et quoi de plus inspirant qu'une IA qui vous aide à générer de nouvelles idées musicales et à comprendre les aspects émotionnels de votre musique ?

Dans l'ensemble, le rêve d'un copilote de production musicale du futur basé sur l'IA est bien plus qu'une simple muse artificielle - c'est un outil puissant prêt à stimuler le processus créatif, à optimiser les méthodes de production et à fournir aux musiciens, aux producteurs et aux ingénieurs du son un aperçu et un soutien précieux. Il promet une révolution qui redéfinira notre façon de créer et de produire de la musique, tout en ouvrant de nouveaux horizons créatifs jusqu'alors impensables.

La connexion symphonique entre l'homme et l'intelligence artificielle pourrait radicalement remodeler le paysage musical et créer un monde dans lequel les artistes pourraient réaliser leurs visions créatives à des niveaux qui n'étaient jusqu'à présent envisageables que dans les rêves les plus fous. À l'ère de l'intelligence artificielle, la musique n'est pas seulement écoutée, elle est aussi amplifiée par une technologie intelligente qui a le potentiel de redécouvrir et de redéfinir l'univers infini de la musique.

Notre paysage musical se transforme sans cesse, poussé par le développement continu de la technologie IA. Generative Fill en est un exemple particulièrement impressionnant. Inspirée par les applications innovantes dans le monde du design graphique, Generative Fill a trouvé sa place dans les logiciels de production musicale et change la façon dont la musique est créée.

Generative Fill vous permet de concrétiser votre vision musicale de manière nouvelle et puissante. De l'amorce d'une idée créative à l'élaboration et au raffinement complexes de pistes, cet outil aide les musiciens à réaliser leurs objectifs musicaux rapidement et efficacement, tout en gardant un contrôle total sur chaque création.

Imaginez que vous puissiez simplement entrer votre idée musicale et la transformer en une œuvre d'art impressionnante en quelques secondes. C'est exactement ce que Generative Fill rend possible. Grâce à une série de fonctions contrôlées par l'IA, vous pouvez ajouter, développer et supprimer du contenu dans des pistes existantes ou même créer des compositions entièrement nouvelles à partir de rien.

Mais la vitesse et l'efficacité ne sont pas les seules qualités impressionnantes. Generative Fill encourage également l'esprit expérimental et la curiosité des musiciens. Cet outil permet d'explorer et de créer différents concepts musicaux en quelques secondes. Au lieu de passer des heures à peaufiner un morceau, Generative Fill vous permet de générer rapidement des dizaines de concepts musicaux de haute qualité.

L'intégration de Generative Fill dans les logiciels de production musicale signifie également que vous avez un contrôle créatif total. Vous pouvez l'utiliser à côté de tout autre outil d'édition pour ajuster des éléments générés par l'IA, chacun étant créé de manière non destructive sur une nouvelle piste.

De plus, Generative Fill vous permet de franchir les frontières créatives avec une plus grande confiance. Alimenté par une famille de modèles d'IA génératifs formés sur des morceaux de musique de différents genres et styles, Generative Fill est conçu pour être commercialement sûr.


L'introduction du Generative Fill dans la production musicale est une véritable étape. Il permet aux musiciens et aux producteurs de créer quelque chose à partir de rien, et ce plus rapidement que jamais. Que vous souhaitiez étendre votre composition, modifier l'espace sonore, ajouter un instrument ou même insérer des sons générés sur la base d'une brève description, Generative Fill le rend possible.

Les créations de Generative Fill sont de haute qualité et nécessitent moins de post-traitement. Elles permettent d'économiser des heures de travail en donnant vie à des idées musicales réalistes ou surréalistes. Generative Fill ajoute et crée avec des ombres, des reflets, un éclairage et une perspective appropriés pour donner des résultats époustouflants.

De plus, Generative Fill permet de retoucher et d'adapter facilement vos compositions. Ajoutez des patterns de batterie croustillants à l'aide d'une simple commande de texte ou ajoutez une surface de synthétiseur atmosphérique à votre piste en quelques clics. Tout le contenu généré est ajouté sur une nouvelle piste, ce qui vous permet de modifier, d'affiner ou de supprimer n'importe quel aspect de votre création sans endommager l'original.

Ce puissant outil vous permet également de supprimer facilement les éléments indésirables. Vous pouvez rapidement couper les sons inutiles d'une piste ou rogner les parties superflues d'une composition générée par l'IA. Il vous suffit de sélectionner ce que vous souhaitez couper et Generative Fill le remplacera par du contenu parfaitement adapté au reste du morceau, qu'il s'agisse d'une partie de guitare plus longue ou d'une ligne de basse finement ajustée.

L'intégration de Generative Fill dans la production musicale ouvre une nouvelle ère de créativité et de productivité musicales. Elle transforme la manière dont nous créons et produisons la musique et ouvre des possibilités créatives illimitées. L'introduction de ces fonctions d'IA avancées nous permet d'élargir nos horizons musicaux et de créer des œuvres d'art musicales impressionnantes, inimaginables jusqu'à présent.

# Chapitre 25

## L'impact social de la musique d'IA :
## Implications pour la communauté musicale

L'intégration de l'intelligence artificielle (IA) dans le monde de la musique entraîne des changements considérables pour l'ensemble de la communauté musicale. Dans ce chapitre, nous nous penchons sur la dimension sociétale de la musique assistée par l'IA, en nous concentrant sur un certain nombre de sujets. Il s'agit notamment du potentiel et des défis d'une coopération entre les créateurs de musique et les systèmes d'IA, de l'intégration de l'IA dans les performances en direct et du rôle transformateur que l'IA peut jouer dans l'éducation et l'enseignement de la musique.

Un débat hautement controversé qui se dessine au sein de la communauté musicale est la question de savoir si l'IA est capable de remplacer les stars de la pop. Des inquiétudes se sont manifestées, en particulier parmi les jeunes amateurs de musique, quant à l'authenticité, l'émotion et l'originalité de la musique générée par l'IA par rapport aux œuvres musicales créées par l'homme. Le lien émotionnel qui peut se créer entre les chanteurs humains et leur public, ainsi que le charisme et le talent uniques dont font preuve les stars de la pop établies, sont des aspects que l'IA n'est pas encore en mesure de reproduire, du moins à l'heure actuelle. Il souligne l'importance de la valeur émotionnelle de la créativité humaine et le rôle que joue la capacité des artistes à imprégner leur musique d'une signification et de sensations personnelles.

L'un des principaux changements réside dans le fait que la musique générée par l'IA brise les frontières traditionnelles des genres musicaux. L'IA a la capacité d'analyser, de combiner et de fusionner différents styles, ce qui donne lieu à des paysages sonores nouveaux et uniques. Ces nouveaux genres et styles peuvent susciter à la fois l'enthousiasme et la controverse au sein de la communauté musicale. Certains y voient une opportunité de promouvoir la diversité et la créativité, tandis que d'autres expriment des inquiétudes quant à l'authenticité et l'originalité.

En outre, l'utilisation de l'IA dans l'industrie musicale soulève des questions sur le rôle de l'artiste et de la création humaine. Lorsque des algorithmes d'IA sont en mesure de générer de la musique qu'il est difficile de distinguer de celle des humains, la question se pose de savoir si l'artiste est encore nécessaire. Cela peut conduire à des incertitudes et à des crises d'identité au sein de la communauté des artistes.

Un autre aspect est la perception de la musique générée par l'IA par le public. Certains auditeurs sont enthousiasmés par les nouveaux sons et les possibilités offertes par l'IA, tandis que d'autres sont sceptiques et regrettent la composante humaine de la musique. L'acceptation et la reconnaissance de la musique générée par l'IA dépendent de l'attitude individuelle du public et peuvent donner lieu à des discussions et des débats.

En outre, l'utilisation de l'IA dans l'industrie musicale peut également renforcer les inégalités sociales. Les algorithmes d'IA se basent sur des données et des tendances existantes, qui peuvent être dominées par certains groupes. Cela peut conduire à privilégier certains genres musicaux ou artistes et à en marginaliser d'autres. Il est important de reconnaître ces inégalités et de prendre des mesures pour promouvoir un paysage musical diversifié et inclusif.

Il est toutefois essentiel de ne pas se focaliser uniquement sur les faiblesses potentielles de l'IA dans la production musicale, mais également de reconnaître les possibilités offertes par cette technologie. Il s'agit notamment de la démocratisation de la création musicale, les outils d'IA permettant aux professionnels et aux amateurs d'accéder à des techniques de production musicale sophistiquées. En outre, l'IA peut contribuer à l'exploration et à la création de nouveaux styles et genres musicaux qui n'ont pas encore été explorés.

En outre, l'intégration de l'IA dans les performances en direct conduit à de nouvelles formes d'expression et techniques de performance qui peuvent enthousiasmer le public de manière unique et imprévisible. De même, l'IA a le potentiel de révolutionner l'enseignement de la musique en proposant aux apprenants des parcours d'apprentissage personnalisés et en offrant aux enseignants des ressources et un soutien accrus.

L'exploration de la dimension sociale de la musique d'IA est essentielle pour comprendre et façonner son impact sur la communauté musicale. Il s'agit d'élargir le paysage musical tout en respectant et en préservant les valeurs et les traditions de la communauté musicale.

Cependant, du point de vue de certains jeunes musiciens, la musique basée sur l'IA offre des opportunités et un potentiel de changement dans l'industrie musicale. Ils apprécient les avantages de l'IA en tant qu'outil permettant aux compositeurs et aux producteurs de découvrir de nouveaux univers sonores, d'explorer des styles individuels et de créer une musique sur mesure pour chaque individu. L'IA peut aider les artistes à créer des paysages sonores d'avant-garde et à utiliser des morceaux de musique existants comme source d'inspiration. En outre, l'optimisme est également de mise quant à une industrie musicale plus démocratique, dans laquelle les technologies d'IA sont utilisées pour faciliter l'accès à la production musicale aux personnes ayant des ressources limitées.

La relation entre les musiciens et leurs fans est une autre dimension influencée par l'utilisation de l'IA. De nombreux jeunes soulignent le caractère unique du lien et du charisme dont font preuve les pop stars dans leurs interactions avec leur public et doutent que l'IA puisse reproduire ces aspects profondément humains. Les concerts et les performances en direct sont considérés comme des moments précieux de rencontre et d'échange émotionnel entre les artistes et leurs fans. La question de savoir si l'IA sera en mesure de créer des expériences émotionnelles similaires fait l'objet d'un débat intense.

L'éthique est un élément indispensable de ces discussions. Certains plaident pour que la musique générée par l'IA ne soit utilisée qu'avec l'accord explicite des artistes concernés, qui doivent également recevoir une part équitable des revenus qui en résultent.
L'utilisation d'œuvres musicales existantes comme base pour la création de nouveaux morceaux par l'IA soulève des questions de droit d'auteur et de protection de la propriété intellectuelle. L'équilibre entre le potentiel de l'IA en tant que soutien à la création et la protection des droits et des intérêts des artistes constitue un défi central dans le débat sur le rôle de l'IA dans le monde de la musique.

En outre, l'intelligence artificielle a un impact considérable sur la pédagogie et l'enseignement de la musique. L'utilisation ciblée de l'IA permet de développer des méthodes et des outils innovants qui peuvent aider les élèves musiciens à élargir leurs compétences musicales et à stimuler leur développement créatif.

L'IA pourrait par exemple composer des morceaux d'exercice sur mesure ou créer des supports d'apprentissage individualisés. En outre, les instruments de musique et les systèmes contrôlés par l'IA pourraient contribuer à faciliter le processus d'apprentissage et à rendre la musique plus accessible aux personnes ayant des capacités différentes.

Cependant, certaines voix critiques craignent qu'une utilisation accrue de l'IA dans l'enseignement de la musique ne réduise la participation et l'interaction humaines. La précieuse relation personnelle entre les enseignants et les élèves, l'adaptation individuelle de l'enseignement aux apprenants et l'interprétation artistique pourraient être reléguées au second plan par l'utilisation de l'IA. Trouver un équilibre entre l'efficacité et le potentiel des outils d'apprentissage pilotés par l'IA et la valeur irremplaçable de l'expérience humaine de l'enseignant constitue un défi important pour l'intégration de l'IA dans l'enseignement de la musique.

La dimension sociale de la musique IA a un impact profond sur l'ensemble de la communauté musicale. Des débats inédits s'engagent autour des thèmes de l'originalité, de l'émotion et du rôle des artistes dans un paysage musical de plus en plus marqué par l'intelligence artificielle.

La relation entre les créateurs de musique et leurs fans est éclairée d'un jour nouveau, tandis que l'intégration de l'IA dans les représentations en direct soulève des questions quant à l'authenticité et à la valeur de l'expérience. Parallèlement, l'utilisation de l'IA dans la pédagogie musicale ouvre de nouvelles perspectives pour un apprentissage individualisé et un accès inclusif à la musique.

Les aspects éthiques de l'utilisation de l'IA, tant dans l'industrie musicale que dans l'enseignement de la musique, sont de plus en plus au cœur du débat, afin de garantir que l'IA soit utilisée de manière responsable et équitable, dans le respect des intérêts et des droits des artistes.

En résumé, la communauté musicale est confrontée au défi d'explorer et d'exploiter le potentiel des IA dans la musique, tout en préservant et en encourageant la créativité, l'émotion et l'expression artistique humaines. La collaboration avec les IA's peut donner lieu à des innovations passionnantes et enrichir le paysage musical de diverses manières, tant que les aspects sociaux, éthiques et artistiques sont soigneusement pris en compte.

Dans l'ensemble, un copilote de production musicale du futur piloté par l'IA - complété par des technologies telles que le Generative Fill - pourrait être un outil puissant et polyvalent qui soutient le processus créatif, optimise les processus de production et offre un aperçu et un soutien précieux aux musiciens, producteurs et ingénieurs du son. Cela pourrait constituer une révolution dans la manière de créer et de produire de la musique et ouvrir de nouveaux horizons créatifs et de nouvelles possibilités.

# Chapitre 26

## Éthique, responsabilité
## et défis juridiques avec la musique d'IA

Avec l'intégration croissante de l'intelligence artificielle (IA) dans l'industrie de la musique, d'importantes questions éthiques et de responsabilité apparaissent au premier plan, parallèlement aux avancées technologiques et créatives évidentes. Étant donné que les outils de production musicale pilotés par l'IA et la musique générée par l'IA redéfinissent les limites traditionnelles du processus créatif, nous sommes en même temps contraints de nous pencher plus intensément sur des questions complexes telles que les droits d'auteur, le plagiat, la protection des données, les biais et la question du contrôle et de la responsabilité humaine pour la musique générée par l'IA.

C'est une observation révélatrice et justifiée que l'approche d'une IA dans la production musicale est étonnamment similaire aux processus de travail des producteurs de musique humains.

En fait, les systèmes d'IA et les musiciens humains sont tous deux basés sur le processus d'analyse, d'adaptation et de développement de la musique existante afin de créer de nouvelles œuvres. Les êtres humains sont des systèmes biologiques de traitement de l'information et leurs expressions créatives sont souvent le reflet de la musique qu'ils ont écoutée, analysée et enregistrée au cours de leur vie. Les producteurs de musique, qu'ils en soient conscients ou non, intègrent des parties des morceaux qu'ils écoutent dans leurs propres compositions et interprétations. Ils empruntent certains rythmes, harmonies ou idées mélodiques à des morceaux existants et les transforment, souvent de manière créative et innovante, en leurs propres œuvres musicales.

En ce sens, on pourrait dire que les musiciens humains "apprennent" et "génèrent" également, tout comme une IA. Mais c'est aussi là que réside une distinction centrale. Alors que les systèmes d'IA apprennent et génèrent par le biais de processus algorithmiques et de grandes quantités de données, les musiciens humains apportent leurs propres émotions, leurs contextes culturels et leurs visions créatives uniques dans le processus. Ils peuvent exprimer des états émotionnels profonds à travers la musique et partager ces sensations avec leur public - une qualité que l'IA n'a pas encore atteinte.

Le fait que les systèmes d'IA et les musiciens humains utilisent tous deux des processus de traitement similaires dans la production musicale rend le débat sur l'éthique et la responsabilité encore plus pertinent. Il souligne l'importance de questions telles que le droit d'auteur, le plagiat et l'originalité artistique, tant dans la production musicale humaine que dans celle pilotée par l'IA. L'étude continue de ces questions nous aidera à mieux comprendre et à mieux façonner à la fois le rôle de l'IA et notre propre rôle dans le processus créatif de la production musicale.

L'un des principaux défis dans ce contexte est la protection des droits d'auteur et la gestion de la question du plagiat. Les outils de production musicale pilotés par l'IA s'appuient sur de vastes bases de données de morceaux de musique existants pour générer de nouvelles mélodies, rythmes, harmonies et effets sonores. Il est essentiel de s'assurer que les droits d'auteur de la musique utilisée sont respectés et qu'aucune utilisation non autorisée de matériel protégé n'a lieu. Parallèlement, les capacités génératives de l'IA présentent le risque que les œuvres musicales nouvellement générées présentent involontairement des similitudes avec des morceaux existants, ce qui peut donner lieu à des accusations de plagiat.

Dans cette situation sensible, il est essentiel que l'industrie musicale, les artistes, les producteurs et les titulaires de droits travaillent ensemble pour mettre en place des mécanismes et des stratégies appropriés. Ceux-ci devraient être en mesure de détecter les plagiats potentiels et de les traiter de manière équitable et efficace, tout en favorisant la liberté de création et l'innovation. Cela pourrait être réalisé, par exemple, par des algorithmes améliorés qui ne se contentent pas de rechercher des mélodies similaires, mais qui tiennent également compte du contexte et de l'intention de l'artiste.

En outre, il est important de prendre en considération les questions éthiques et juridiques que soulève l'utilisation de données à caractère personnel dans le contexte de la production musicale pilotée par l'IA. Par exemple, comment les préférences et les goûts des utilisateurs sont-ils recueillis et utilisés ? Comment la vie privée des utilisateurs est-elle garantie et de quels moyens de contrôle disposent-ils sur leurs données ?

Il est clair que l'utilisation croissante de l'IA dans la production musicale pose des défis non seulement techniques et créatifs, mais aussi éthiques et juridiques. Il est de la responsabilité de toutes les parties concernées de relever ces défis et de promouvoir une utilisation équitable et responsable de l'IA dans la production musicale. Ce n'est qu'ainsi que le plein potentiel de cette technologie pourra être exploité sans porter atteinte aux droits et aux libertés des personnes.

La protection des données est une autre question éthiquement pertinente dans le paysage de la musique IA. Les plateformes et services musicaux basés sur l'IA collectent et analysent d'énormes quantités de données sur les auditeurs de musique afin de générer des recommandations personnalisées et d'optimiser l'expérience d'écoute. Il est essentiel de s'assurer que ces données sont collectées, traitées et utilisées conformément à la législation applicable en matière de protection des données. Les auditeurs de musique doivent non seulement bénéficier d'une transparence totale sur la manière dont leurs données sont utilisées, mais aussi avoir la possibilité de donner ou de retirer leur consentement à l'utilisation de leurs données à tout moment. En outre, les fournisseurs de ces services doivent mettre en œuvre des mesures de sécurité efficaces afin d'éviter les violations et les abus de données.

La question des biais constitue un autre défi en rapport avec l'IA dans la musique. Les modèles d'IA sont entraînés sur la base de données qui pourraient refléter des préjugés ou des inégalités inhérents. Lorsque ces modèles sont ensuite utilisés pour générer de la musique ou faire des recommandations, ils risquent de renforcer ou de reproduire ces modèles biaisés. Il est donc essentiel que le développement et l'application des modèles d'IA dans l'industrie musicale soient soigneusement surveillés et contrôlés afin de s'assurer qu'ils ne produisent pas de résultats discriminatoires ou inéquitables. Cela pourrait inclure, par exemple, des audits de biais et l'utilisation de jeux de données diversifiés et représentatifs.

Le contrôle humain et l'autonomie sur la musique générée par l'IA est un autre aspect éthique critique dans ce contexte. Bien que les outils et algorithmes contrôlés par l'IA aient la capacité de générer ou d'optimiser la musique de manière autonome, la décision artistique finale doit toujours revenir à l'être humain. Les artistes et les producteurs devraient être en mesure de garder le contrôle du processus créatif et de modifier et façonner les résultats générés par l'IA en fonction de leurs propres idées créatives et de leurs objectifs artistiques. Cela souligne la nécessité d'outils d'IA qui ne soient pas seulement techniquement avancés, mais aussi conviviaux et flexibles, afin de garantir un contrôle humain efficace et la liberté de création.

L'industrie de la musique constitue un exemple frappant d'un secteur largement touché par la production musicale basée sur l'IA et par les contenus générés par l'IA. Les remarquables capacités de l'IA à composer, générer et personnaliser la musique soulèvent de profondes questions éthiques. Celles-ci concernent notamment la protection de la propriété intellectuelle, l'utilisation responsable des données personnelles, les stratégies de lutte et de prévention des préjugés ainsi que la garantie du contrôle et de l'intervention humaine.

Un facteur central dans ce débat est la responsabilité des entreprises et des développeurs impliqués de mettre en œuvre des directives et des normes éthiques de manière cohérente. Les acteurs de l'industrie musicale et les développeurs d'IA sont appelés à travailler main dans la main pour définir des règles et des lignes directrices claires et équitables. Celles-ci doivent garantir que la production musicale pilotée par l'IA et les contenus générés par l'IA soient utilisés de manière responsable et éthique. Cela peut inclure la participation active d'experts en éthique, de créateurs de musique, de détenteurs de droits et de représentants du public dans le processus de développement et de décision. En outre, il est indispensable de communiquer de manière transparente et ouverte sur l'utilisation et les mécanismes de l'IA. Ce n'est qu'ainsi qu'il sera possible de créer une large compréhension et confiance dans cette technologie, ce qui contribuera en fin de compte à son acceptation.

Il est en outre indispensable de mettre en place des mécanismes de surveillance et de contrôle. C'est la seule façon de garantir que les normes mentionnées sont bien respectées et que des mesures appropriées peuvent être prises en cas de non-respect. Il est donc important que non seulement le développement, mais aussi l'utilisation de la production musicale pilotée par l'IA se fasse dans le respect des aspects éthiques et juridiques.

La symbiose entre la créativité humaine et l'innovation technologique, qui résulte de la collaboration entre les créateurs de musique et les systèmes d'IA, recèle un énorme potentiel. Les artistes peuvent utiliser la technologie pour élargir leurs horizons créatifs, développer de nouvelles idées et de nouveaux concepts et affiner leur expression artistique. Ils doivent néanmoins évaluer avec sensibilité les défis éthiques et créatifs liés à l'utilisation de l'IA. Il est essentiel de garder à l'esprit le respect de leur intégrité artistique individuelle afin d'éviter une simple imitation ou une perte de leur identité artistique.

L'introduction de l'IA dans l'industrie musicale exige un équilibre délicat entre l'innovation technologique et la responsabilité éthique. Un dialogue constructif et une collaboration étroite entre l'industrie de la musique et les développeurs d'IA sont essentiels pour garantir que les outils de production musicale pilotés par l'IA et le contenu généré par l'IA soient développés et utilisés dans le respect des principes éthiques et des valeurs sociales. Il s'agit de garantir une utilisation responsable et éthiquement intègre de l'IA. Cela est essentiel pour exploiter pleinement le potentiel de cette technologie révolutionnaire tout en respectant et en protégeant l'intégrité artistique et les droits des créateurs de musique.

Il est donc nécessaire que nous reconnaissions la complexité de cette innovation technologique et que nous gérions soigneusement sa mise en œuvre. Nous pourrons ainsi nous assurer qu'elle profite à la fois aux artistes et au public, sans porter atteinte à la diversité culturelle et à la liberté d'expression artistique.

Il appartient à toutes les parties concernées de promouvoir une intégration harmonieuse de l'IA dans le monde de la musique, qui enrichisse l'esprit humain tout en préservant l'intégrité artistique et éthique.

L'intégration de l'IA dans l'industrie musicale soulève inévitablement d'importantes questions juridiques et éthiques. Parmi celles-ci, la question de la paternité est centrale : si un algorithme d'IA crée un morceau de musique, à qui revient la propriété intellectuelle ? Est-ce le développeur de l'algorithme qui a formé l'IA ? Ou bien l'IA elle-même pourrait-elle être considérée comme l'auteur ?

En outre, d'importantes questions se posent quant à l'octroi de licences pour la musique générée par l'IA. Si un artiste utilise des instruments basés sur l'IA pour créer de la musique, quels accords de licence sont nécessaires pour l'utilisation et la publication de cette musique ? Existe-t-il des modèles de licence ou des formes de contrats spécifiques pour la musique créée par IA ?

Un autre aspect juridique concerne la question de la responsabilité. Si une IA devait provoquer une erreur dans la production musicale ou enfreindre les dispositions relatives aux droits d'auteur, qui en porterait la responsabilité ? Est-ce le développeur de l'algorithme qui a programmé l'IA ? Ou la responsabilité incombe-t-elle à l'utilisateur ou à l'artiste qui a utilisé la musique générée par l'IA ?

Face à ces questions complexes, la nécessité de directives et de réglementations claires pour l'utilisation de l'IA dans l'industrie musicale est évidente. Il est essentiel de créer un cadre juridique qui protège les droits d'auteur tout en laissant une place à l'innovation. Cela pourrait nécessiter l'adaptation des législations existantes et le développement de nouveaux instruments juridiques spécifiquement adaptés aux défis de la musique générée par l'IA.

Un point de départ pourrait être la collaboration entre les créateurs de musique, les spécialistes de l'IA, les avocats et les autorités de régulation afin d'élaborer des normes et des directives pour l'utilisation de l'IA dans la musique. Cela pourrait aider à garantir un équilibre entre la liberté artistique et les mécanismes de protection juridique.

# Chapitre 27

## L'influence de l'IA sur le droit d'auteur dans l'industrie musicale

L'avènement de l'intelligence artificielle (IA) a révolutionné l'industrie musicale et ouvert une multitude de possibilités pour la créativité musicale. Toutefois, l'intégration de la musique générée par l'IA a également entraîné des défis juridiques et des zones d'ombre dans le domaine du droit d'auteur. Dans ce chapitre, nous examinons l'influence de la musique générée par l'IA sur le droit d'auteur et discutons des questions et difficultés qui y sont liées.

Dans l'industrie musicale, la propriété intellectuelle joue un rôle central. Les droits d'un morceau de musique sont généralement détenus par l'auteur de la chanson, le musicien ou le producteur qui y a contribué. Mais dans le cas de la musique générée par l'IA, les choses se compliquent, car on ne sait pas exactement qui est à l'origine de la contribution. L'IA est souvent considérée comme une entité abstraite, mais elle est en réalité composée de plusieurs éléments : le code sur lequel les algorithmes sont basés, les données sur lesquelles ils sont basés, les personnes qui traitent ces données et la personne en bout de chaîne qui appuie sur le bouton de démarrage.

Ce problème ne concerne pas seulement l'industrie de la musique, mais a déjà fait l'objet de discussions dans d'autres domaines. Un exemple intéressant est une affaire judiciaire australienne datant de 2007 et portant sur des annuaires téléphoniques. La question était de savoir si les contenus générés par algorithme, comme un annuaire téléphonique, étaient protégés par le droit d'auteur. Le tribunal a finalement décidé que l'annuaire téléphonique, étant donné qu'il avait été compilé par un algorithme et qu'il ne nécessitait qu'un travail humain minimal, ne bénéficiait pas d'une protection par le droit d'auteur.

Ce précédent juridique a des conséquences importantes pour les œuvres générées par l'IA. En effet, si le travail humain intervient dans le processus, la génération proprement dite est autonome. Par conséquent, la musique générée par l'IA pourrait ne pas être protégée par le droit d'auteur en Australie.

Des débats similaires ont lieu dans le monde entier. Aux États-Unis, le centre financier du monde de la musique actuel, les chansons générées par l'IA risquent d'être considérées comme des "œuvres dérivées", car elles sont basées sur les données d'autres personnes. Les œuvres dérivées ne sont pas protégées par le droit d'auteur et peuvent même constituer une violation du droit d'auteur des détenteurs des droits originaux. Le fait que l'utilisation de ces données soit considérée comme un "usage loyal" dépend des préférences d'un seul juge, ce qui entraîne une certaine incertitude pour les musiciens.

Ces décisions juridiques précoces pourraient avoir pour conséquence que le contenu généré par l'IA soit considéré comme non protégé par le droit d'auteur. Cependant, cela priverait les artistes de l'incitation financière à expérimenter la musique générée par l'IA ou à développer des applications innovantes, car ils ne pourraient pas monétiser leurs œuvres. En outre, la question se pose de savoir si les créateurs d'œuvres générées par l'IA, comme les instruments de musique ou les voix d'IA, devraient être les seuls propriétaires de ces œuvres. Un groupe appelé The Artificial Inventor Project tente d'aborder ce problème. Ils ont développé un modèle appelé DABUS, qui peut donner naissance à des inventions uniques. En essayant de faire breveter ces inventions dans différents pays du monde, ils souhaitent démontrer qu'une œuvre générée par l'IA peut être protégée par le droit d'auteur. En 2021, l'Office sud-africain des brevets a été le premier au monde à accorder la paternité d'un brevet à un système d'IA. Cela donne aux créateurs du système le droit de percevoir tous les revenus issus de l'exploitation du brevet.

On peut toutefois se demander si les créateurs de DABUS devraient réellement recevoir une part de 100 % des recettes. Il ressort des informations publiques sur leur algorithme que DABUS, comme la plupart des systèmes d'IA, a été entraîné sur des données créées par d'autres personnes. L'IA sans données d'entraînement n'est qu'une construction vide, un code qui sait comment reconnaître des modèles, mais qui n'a rien à apprendre. DABUS n'est donc pas une création isolée, mais doit son existence aux données sur lesquelles il a été entraîné.

Il faut donc trouver un juste milieu qui aide non seulement ceux qui utilisent l'IA, mais aussi ceux dont les données ont été utilisées pour la formation.

Outre les questions de propriété intellectuelle, les musiciens qui expérimentent la musique IA se heurtent à un autre défi : les aspects juridiques de l'industrie musicale. La plupart des algorithmes d'IA sont basés sur des modèles statistiques qui permettent d'obtenir des pertes minimales via des ensembles de données. Dans le domaine de la musique, on peut par exemple l'entendre avec un algorithme développé par OpenAI et appelé Jukebox, qui a été partiellement entraîné sur le back catalogue de Prince. La ressemblance avec Prince est certes un peu déformée, mais elle est néanmoins évidente et inquiétante.

Bien que les résultats de l'IA ne contiennent pas de parties directes des données originales, toute ressemblance avec des œuvres protégées par le droit d'auteur pourrait constituer la base d'une grave violation du droit d'auteur. Il existe de nombreux précédents dans l'industrie musicale, comme l'affaire opposant les héritiers de Marvin Gaye à Robin Thicke et Pharrell Williams en 2015. Bien que les deux chansons "Blurred Lines" et "Got To Give It Up" n'aient pas de mélodies, d'accords ou d'échantillons en commun, les héritiers de Marvin Gaye se sont vu accorder une compensation de près de 5 millions de dollars en raison de la similitude de "l'ambiance" de la chanson. Des cas similaires ont également été observés plus récemment, comme par exemple Olivia Rodrigo qui, en raison des "vibes" de ses chansons, rappelait d'autres artistes et leur attribuait des crédits d'écriture de chansons.

Il en va de même pour le style et les traits caractéristiques de certains artistes. En 1998, Bette Midler a poursuivi avec succès la Ford Motor Company après que celle-ci eut engagé l'une de ses choristes pour imiter Bette Midler dans une publicité pour voiture. Ford avait obtenu l'autorisation d'utiliser la chanson et le nom et l'image de Midler n'ont pas été utilisés. Néanmoins, la question était de savoir si la similitude de la voix de Midler était protégée par le droit d'auteur. Le tribunal a décidé que c'était le cas.

Par conséquent, si une IA a été entraînée à interpréter certaines chansons, certains styles ou certaines voix d'un artiste, les résultats générés ne vous appartiendront probablement pas. Dans un sens, c'est positif, car personne ne veut d'un monde où tout le monde peut utiliser et exploiter gratuitement le dur travail d'un artiste.

D'un autre côté, cela signifie toutefois que les artistes qui travaillent dans ce domaine n'ont pas de voie claire pour aller de l'avant. Les artistes ont besoin d'une structure juridique équitable pour pouvoir expérimenter et créer avec l'IA sans craindre d'être impliqués dans un litige.

Alors, comment pouvons-nous résoudre ce problème ? Je pense que nous avons besoin d'une possibilité d'accorder facilement des licences pour les données et de les rémunérer équitablement par des droits d'auteur. Cela permettrait de soutenir et de protéger aussi bien les artistes qui créent de la musique originale que ceux qui innovent avec les nouvelles technologies. Un exemple qui existe déjà est un modèle de licence légale en Australie. Celui-ci autorise l'utilisation de matériel protégé par des droits d'auteur dans certains cas sans autorisation expresse, à condition qu'une rémunération équitable soit versée aux titulaires des droits. Il s'agit d'un modèle "autorisé à pardonner, pas à autoriser". Si ce modèle est adapté aux droits sur les données, il pourrait être un outil puissant. Il permettrait aux technologues d'utiliser librement la musique et de rémunérer les musiciens dont les données ont été utilisées par le biais de micro-redevances supérieures aux droits de licence habituels.

Les droits de propriété intellectuelle sont importants, mais ils peuvent étouffer la créativité s'ils sont trop étendus. La technologie est importante, mais si nous n'anticipons pas ses conséquences et ne les prenons pas en compte de manière adéquate, nous avons déjà vu ce qui peut se passer. Si nous trouvons un juste milieu, nous pourrons rassurer une nouvelle génération de créateurs d'IA et de musiciens sur la valeur de leurs œuvres et offrir une nouvelle source de revenus aux titulaires de droits. Mais nous devons commencer dès hier, car la technologie est déjà là. Et bien que l'IA soit souvent considérée comme une intelligence magique dans le cloud, ce sont en fin de compte les personnes et les artistes qui font le véritable travail. Ils méritent d'être payés pour cela.
Le potentiel de l'IA dans l'industrie musicale est énorme et nous ne devrions pas l'empêcher. Mais un monde dans lequel les technologues peuvent voler de la musique et générer des imitations sans conséquences est injuste. Nous devons trouver un juste milieu qui protège à la fois les artistes qui expérimentent l'IA et les titulaires de droits d'auteur.

Une solution possible consiste à établir des licences de données et une rémunération équitable par le biais de royalties. Cela permettrait de garantir que les personnes dont les données sont utilisées pour la formation à l'IA soient correctement rémunérées. La technologie de la chaîne de blocs pourrait jouer un rôle à cet égard, en permettant de retracer l'origine des données et en garantissant une répartition équitable des revenus.

Une autre étape importante consisterait à créer une structure juridique claire offrant un cadre sûr aux artistes qui travaillent avec l'IA. Il est crucial qu'ils puissent développer leur créativité sans craindre de conséquences juridiques ou de longs litiges. Une possibilité consisterait à créer des dispositions légales qui réglementeraient l'utilisation de l'IA dans l'industrie musicale tout en garantissant la protection de la propriété intellectuelle.

En outre, les musiciens et les développeurs d'IA devraient chercher ensemble des solutions pour combler le fossé entre la technologie et l'intégrité créative. En travaillant en étroite collaboration, ils peuvent créer une nouvelle ère de création musicale dans laquelle l'IA sert d'outil pour soutenir et élargir la vision créative des artistes.

Il est également important d'encourager le dialogue entre l'industrie musicale, les artistes, les maisons de disques et les plates-formes de streaming. Ensemble, ils peuvent développer des politiques et des accords qui permettent à la fois la protection de la propriété intellectuelle et l'utilisation créative de l'IA.

L'intégration de l'IA dans l'industrie musicale continuera sans aucun doute à avoir un impact important. Il nous appartient, en tant que société, de clarifier les questions juridiques et éthiques afin de garantir que cette nouvelle technologie puisse réaliser son potentiel de promotion de la créativité et de l'innovation dans l'industrie musicale, tout en préservant les droits et les intérêts de toutes les parties concernées.

# Chapitre 28

## L'IA comme instrument de marketing :
## L'illusion de l'intelligence artificielle dans l'industrie musicale

Le terme "IA" est souvent utilisé dans le secteur de la musique pour donner l'impression que des technologies avancées sont appliquées. Cependant, le terme d'intelligence artificielle est souvent utilisé plutôt comme un slogan pour augmenter l'attrait des produits et des services. En réalité, nombre de ces outils supposés d'IA sont basés sur des procédures algorithmiques moins complexes et ne représentent pas une véritable intelligence artificielle.

Bien que ces outils aient leur utilité et offrent des fonctions telles que la classification automatique des genres, la création de playlists personnalisées ou des recommandations individuelles, ils fonctionnent généralement selon des règles et des modèles prédéfinis et n'apprennent pas de leurs interactions - une caractéristique clé de la véritable IA.

L'utilisation excessive et souvent inappropriée du terme "IA" dilue sa véritable signification et crée une illusion de technologie avancée qui ne correspond souvent pas à la réalité. Cela conduit à une perception déformée de l'IA dans l'industrie musicale et occulte les possibilités et les limites réelles qu'elle implique.

Il est important de faire la distinction entre ces outils automatisés et la véritable intelligence artificielle. Alors que les outils automatisés peuvent effectuer efficacement des tâches routinières, ils sont basés sur des règles et des modèles fixes et ne sont pas en mesure d'apprendre de manière autonome ou de prendre des décisions créatives. La véritable IA, telle qu'utilisée par exemple dans les systèmes de génération de musique basés sur l'IA, apprend de manière autonome, comprend des modèles complexes et génère des solutions innovantes sur la base de ces connaissances.

De plus, l'utilisation de l'IA comme outil de marketing comporte le risque d'attentes excessives et de déceptions qui en découlent. Si les clients pensent que les produits et services basés sur l'IA représentent des innovations révolutionnaires et que ces attentes ne sont pas satisfaites, cela peut éroder la confiance dans l'IA et ses applications.

Il est donc essentiel de garantir la transparence et l'éducation. Les entreprises devraient communiquer clairement sur les technologies qu'elles utilisent réellement et sur les fonctions et possibilités qu'elles offrent. En outre, elles devraient éduquer le public sur les différences entre la véritable IA et les outils automatisés afin de favoriser une compréhension réaliste et une appréciation adéquate de la technologie.

Tout cela ne doit pas nous faire oublier les réalisations de l'IA dans l'industrie du logiciel. La véritable IA peut enrichir fondamentalement le processus de production, de composition et de conception créative de la musique. Elle peut également contribuer à rendre les expériences musicales personnalisées plus efficaces, notamment grâce à l'analyse musicale pilotée par les données et aux systèmes de recommandation personnalisés, qui vont au-delà de ce que les algorithmes traditionnels peuvent                                          faire.

L'IA peut également être utilisée pour établir un lien plus profond entre les artistes et leur public, en utilisant les données pour obtenir des informations plus approfondies sur les préférences et les comportements des auditeurs. Elle peut en outre soutenir de nouveaux modèles commerciaux, tels que les modèles de licence basés sur l'IA, qui permettent une rémunération plus précise et plus équitable des artistes.

Il est néanmoins indispensable que les entreprises de logiciels gèrent l'utilisation de l'IA de manière responsable et fassent clairement la distinction entre la véritable IA et les outils automatisés. Ce n'est qu'ainsi que les attentes des consommateurs pourront être gérées de manière réaliste et que le plein potentiel de l'IA pourra être exploité dans l'industrie musicale. Dans ce contexte, il convient de toujours reconnaître la valeur de la créativité et de l'intuition humaines, qui restent indispensables dans de nombreux domaines de la production et de la présentation musicales.

# Chapitre 29

## La menace de l'intelligence artificielle

Le rôle de l'intelligence artificielle (IA) dans l'industrie musicale s'est considérablement accru ces dernières années. Les systèmes musicaux IA sont désormais capables de composer des morceaux de musique, de fournir un accompagnement instrumental et même de générer des voix. Ces progrès soulèvent la question de savoir si les systèmes d'IA pourraient potentiellement remplacer les musiciens humains et quel pourrait en être l'impact sur le secteur.

Si nous regardons un peu plus loin dans le futur, la question se pose de savoir si l'IA a le pouvoir de détruire l'ensemble du marché de la musique. Les machines peuvent-elles atteindre la profondeur émotionnelle et la créativité artistique des musiciens humains ? L'époque des grandes stars deviendra-t-elle un vestige du passé ? Ou le lien avec de vraies personnes en tant que référence et personne d'identification dans la musique est-il indispensable pour les auditeurs ?

Il est important de reconnaître que l'IA a déjà un impact important dans l'industrie musicale. La musique générée par l'IA peut couvrir un large éventail de styles et de genres, offrant aux artistes et aux producteurs de nouvelles possibilités créatives. Les systèmes IA peuvent accéder à de grandes quantités de données pour analyser et reproduire des styles musicaux, ce qui donne lieu à une multitude de nouvelles productions musicales. En outre, l'IA permet de faire des recommandations personnalisées et d'adapter la musique aux préférences individuelles des auditeurs.

Cependant, il y a des aspects de la musique pour lesquels les musiciens humains continuent à jouer un rôle indispensable. L'interprétation de la musique, l'expressivité et la capacité à transmettre des émotions de manière authentique sont des domaines dans lesquels l'IA a encore des limites. Un concert en direct ou un spectacle sur scène peut créer une énergie et une atmosphère uniques, difficiles à reproduire par un système d'IA.

En outre, le lien avec un véritable musicien en tant que personne de référence et d'identification revêt une grande importance pour de nombreux auditeurs. Les stars et les idoles ont une longue tradition dans le monde de la musique, et elles offrent une sorte de lien personnel que les systèmes d'IA ne peuvent pas atteindre. L'histoire de l'écoute de la musique est marquée par des relations entre les artistes et leurs fans qui se développent au fil des années, voire des décennies.

Toutefois, il est également possible que le paysage musical évolue à mesure que l'IA progresse. De nouvelles formes de collaboration entre les musiciens humains et les systèmes d'IA pourraient voir le jour, combinant les forces des deux parties. L'IA peut servir de partenaire créatif, fournissant de l'inspiration et de nouvelles idées, tandis que les musiciens humains apportent leur capacité d'interprétation unique et leur profondeur émotionnelle.

Dans l'ensemble, il est peu probable que l'IA détruise l'ensemble du marché de la musique ou mette complètement fin à l'époque des grandes stars. Le lien avec de vraies personnes dans la musique continuera à jouer un rôle important. Toutefois, la capacité de l'IA à générer et à analyser la musique peut faire évoluer le secteur et ouvrir de nouvelles possibilités aux artistes et aux auditeurs.

Il est également important de noter que l'IA dans l'industrie musicale n'est pas seulement une menace, mais aussi une opportunité. L'IA peut contribuer à stimuler la créativité musicale en explorant de nouveaux styles et genres, en proposant des combinaisons sonores non conventionnelles et en permettant des méthodes de production innovantes. En outre, la musique et les algorithmes générés par l'IA peuvent contribuer à rendre la musique accessible à un public plus large en créant des recommandations personnalisées et des listes de lecture sur mesure.
Il y aura probablement une coexistence entre l'IA et les musiciens humains, chacun ayant ses forces et sa contribution uniques au monde de la musique. Les musiciens humains continueront d'apporter à la musique leur vision artistique, leur émotion et leur capacité d'interprétation. L'IA peut servir d'outil créatif, ouvrant de nouvelles possibilités de composition, de production et d'analyse.

Il est essentiel que l'industrie musicale et les artistes eux-mêmes s'engagent activement dans le développement de l'IA dans la musique. Cela implique de participer aux discussions sur les questions éthiques, de promouvoir la transparence dans l'utilisation des systèmes d'IA et de créer un cadre pour s'assurer que les artistes puissent profiter équitablement des nouvelles technologies.

L'avenir de l'industrie musicale avec l'IA reste passionnant et plein de potentiel. Il est important de suivre cette évolution d'un œil critique et de trouver un équilibre entre le progrès technologique et la créativité humaine. En fin de compte, ce sont les auditeurs qui décideront du type de musique qu'ils préfèrent et du lien qu'ils souhaitent établir avec les artistes et leur musique.

# Chapitre 30

## Une mélodie pour l'avenir :
## Un aperçu des prochaines étapes

Dans un monde en constante évolution, un avenir passionnant se dessine, dans lequel la musique, la technologie et l'intelligence artificielle (IA) fusionnent de manière unique et transformatrice. Cette fusion a le potentiel de changer et d'enrichir fondamentalement la manière dont nous vivons et interagissons avec la musique.

Le secteur de la musique s'est distingué par son impressionnante histoire d'innovation et d'adaptabilité. De l'invention du phonographe à l'introduction des technologies d'enregistrement numérique les plus modernes, la manière dont nous écoutons, créons et partageons la musique n'a cessé d'évoluer. Aujourd'hui, l'intelligence artificielle joue un rôle de plus en plus central dans ce paysage dynamique et accélère et approfondit encore cette transformation.

L'intégration de l'IA dans le monde de la musique ouvre des perspectives fascinantes pour l'avenir. D'une part, elle offre la possibilité de créer une expérience musicale extrêmement personnalisée. En analysant le comportement d'écoute et les préférences individuelles d'un utilisateur, les algorithmes d'IA peuvent fournir des recommandations musicales sur mesure qui répondent précisément aux besoins et aux émotions de l'auditeur. Cette sélection musicale personnalisée peut non seulement faciliter la découverte de nouveaux artistes et de nouveaux genres, mais aussi favoriser un lien plus profond et plus émotionnel avec la musique.

D'un autre côté, l'IA ouvre également de nouvelles voies pour la production musicale créative. Dans ce domaine, les algorithmes d'IA peuvent agir comme des partenaires créatifs innovants pour les musiciens et les producteurs, en générant de nouvelles mélodies et harmonies jusqu'alors inexplorées ou en apportant une aide précieuse à la conception sonore.

Cela ne signifie en aucun cas que l'IA doit remplacer la créativité humaine. Elle agit plutôt comme un outil qui élargit, inspire et complète les capacités créatives. La collaboration harmonieuse entre l'homme et l'IA peut donner lieu à des résultats musicaux uniques et surprenants, qui repoussent les limites de ce qui était imaginable jusqu'à présent.

Un autre aspect dans lequel l'intelligence artificielle peut remodeler le paysage musical est la performance en direct. Grâce à l'utilisation de la technologie IA, les concerts et les spectacles peuvent être transformés en expériences interactives et immersives. Les systèmes d'éclairage et de scène contrôlés par l'IA pourraient réagir à l'atmosphère et à l'énergie du public afin d'offrir une expérience encore plus intense et personnelle. En outre, des technologies telles que la réalité virtuelle et la réalité augmentée ouvrent de toutes nouvelles possibilités pour les concerts virtuels et l'expérience musicale immersive.

Mais bien entendu, l'utilisation de l'IA dans l'industrie musicale s'accompagne de défis et de préoccupations. Les questions de protection des données, les préoccupations éthiques et la crainte d'une éventuelle éviction des artistes humains sont des aspects importants qui doivent être considérés et adressés avec soin. Il est donc essentiel d'utiliser l'IA de manière responsable afin d'encourager et d'élargir la créativité humaine plutôt que de la remplacer.

La combinaison de la technologie, de l'intelligence artificielle et de la musique peint une image fascinante et prometteuse de l'avenir du paysage musical. Nous sommes impatients de vivre une expérience musicale plus personnalisée, plus interactive et plus immersive que jamais. Les artistes seront en mesure d'exploiter les possibilités offertes par l'IA pour repousser leurs limites créatives et explorer de nouvelles formes d'expression. Pour les amateurs de musique, c'est un monde d'expériences musicales passionnantes et personnalisées qui s'ouvre à eux.
Nous sommes au point de départ d'un voyage étonnant où la musique, la technologie et l'intelligence artificielle se fondent en une unité harmonieuse pour transformer durablement nos expériences musicales. Les progrès réalisés dans le secteur de la musique promettent une évolution continue, au cœur de laquelle se trouve l'intégration de l'intelligence artificielle.

Il semble déjà que nous assistions à l'émergence d'artistes et de groupes virtuels qui produisent et interprètent de la musique entièrement générée par l'intelligence artificielle. Cette évolution pourrait donner naissance à des sons et des genres difficiles à imiter pour les artistes humains, ouvrant ainsi de nouvelles voies d'interaction avec le public et d'expérience musicale immersive.

Parallèlement, les algorithmes d'IA offrent le potentiel d'être utilisés par les musiciens et les auteurs-compositeurs en tant que compagnons de création, afin de créer des idées innovantes, d'affiner les paroles des chansons ou d'améliorer les structures harmoniques. En tant que source d'inspiration, l'IA pourrait accélérer le processus créatif et ouvrir de nouvelles voies musicales.

Dans la production musicale, l'utilisation d'algorithmes d'IA pourrait conduire à une efficacité et une accessibilité accrues. L'assistance dans des domaines tels que le traitement du son, le mixage et le mastering pourrait permettre aux musiciens sans connaissances techniques approfondies d'obtenir des enregistrements de haute qualité et des résultats professionnels.

De plus, l'analyse des données musicales par des algorithmes d'intelligence artificielle permet de reconnaître des modèles et donc d'identifier des tendances, des préférences et des comportements d'écoute. Cela pourrait conduire à une commercialisation plus précise de la musique, permettre un streaming ciblé et fournir des recommandations personnalisées aux auditeurs. Les musiciens et les labels pourraient utiliser ces connaissances pour commercialiser leur musique plus efficacement et atteindre de nouveaux groupes cibles.

En outre, les progrès de la technologie IA permettent d'impliquer de plus en plus les auditeurs dans l'interaction musicale. Que ce soit par le biais de commandes gestuelles ou d'interfaces neuronales, les auditeurs pourraient influencer la production sonore ou interagir en direct avec des musiciens générés par l'IA. Il en résulte des expériences musicales uniques et individuelles qui vont bien au-delà de l'expérience musicale traditionnelle.

Mais malgré l'influence de l'IA, la créativité et l'interprétation humaines restent incommensurablement précieuses. Les émotions et l'expressivité qu'un artiste humain apporte à la musique sont uniques et ne peuvent pas être répliquées par l'IA. Cette synergie permettra d'obtenir les meilleurs résultats et d'accompagner l'industrie musicale vers un avenir passionnant.

Dans l'ensemble, nous pouvons nous attendre à un avenir dans lequel la musique sera encore plus diversifiée, personnalisée et innovante grâce à l'utilisation de l'IA. Les limites de la créativité seront repoussées et de nouveaux types d'expériences musicales verront le jour. Dans le même temps, l'industrie musicale continuera à s'adapter et à se transformer pour suivre les progrès technologiques. Néanmoins, divers défis devront également être relevés.

Une question centrale sera de savoir comment les artistes et les créateurs de musique pourront continuer à gagner leur vie dans un monde où l'IA est de plus en plus intégrée. Alors que les outils et les plateformes basés sur l'IA peuvent démocratiser la production et la diffusion de la musique et la rendre plus accessible, il existe également un risque de dévalorisation de la musique. La possibilité de créer de la musique générée par l'IA et l'offre pléthorique de musique pourraient entraîner une baisse de l'appréciation et de la volonté de payer pour la musique. Il sera donc important de développer de nouveaux modèles commerciaux et de nouvelles sources de revenus afin de maintenir la valeur de la musique à l'ère numérique.

Une autre préoccupation est l'utilisation éthique de l'IA dans la musique. Alors que les algorithmes d'IA sont capables d'analyser les émotions et de personnaliser les recommandations musicales, il existe un risque de manipulation ou d'influence sur les auditeurs. Il sera essentiel de veiller à ce que l'IA soit utilisée de manière responsable et que la transparence et la protection des données soient garanties.

Malgré ces défis, l'intégration de l'IA dans l'industrie musicale offre également d'énormes possibilités. Elle permet de nouvelles formes de collaboration créative, ouvre des voies innovantes pour la production musicale et offre des expériences musicales uniques aux auditeurs. La fusion de l'émotion humaine et de l'innovation artificielle peut conduire à des développements révolutionnaires et accompagner l'industrie musicale vers un avenir passionnant.

En résumé, l'avenir de la musique sera marqué par un lien étroit entre la créativité humaine, les émotions et l'innovation technologique. La musique continuera d'être une forme puissante de communication et d'expression de soi, qui nous relie et nous émeut. En trouvant le bon équilibre entre l'expression humaine et le soutien technologique, nous pouvons façonner un avenir musical riche en diversité, en innovation et en résonance émotionnelle. Composons ensemble cette mélodie pour l'avenir et réunissons le meilleur des deux mondes.

C'est un avenir qui reconnaît la valeur de l'élément humain dans la musique tout en utilisant les possibilités de l'intelligence artificielle pour ouvrir de nouvelles voies à la créativité et à l'innovation. Un avenir dans lequel les musiciens sont renforcés dans leurs compétences artistiques par des outils basés sur l'IA, au lieu d'être remplacés par eux. Un avenir dans lequel l'intelligence artificielle n'est pas seulement un outil, mais un partenaire créatif qui contribue à l'émergence de nouvelles formes musicales et de nouvelles possibilités d'expression.

Mais comme dans tout secteur où les technologies disruptives font leur apparition, nous devons également tenir compte des risques et des pièges potentiels. Les droits de propriété et les droits d'auteur dont jouissent les artistes doivent être préservés. L'utilisation éthique de l'intelligence artificielle doit être garantie. Et nous devons veiller à ce que l'émotion et la créativité humaines, qui sont au cœur de la musique, ne soient pas éclipsées ou remplacées par les machines.

Dans cette nouvelle ère de la musique, nous sommes tous des pionniers, engagés dans un voyage passionnant en territoire inconnu. Et comme pour toute grande découverte, il ne tient qu'à nous de savoir comment exploiter les possibilités qui nous sont offertes. En trouvant le bon équilibre entre technologie et humanité, innovation et tradition, nous pouvons façonner un avenir dans lequel la musique continuera à toucher nos cœurs, à émouvoir nos âmes et à nous relier les uns aux autres de manière profonde.

Ainsi, l'industrie musicale se trouve à l'aube d'une nouvelle ère passionnante, marquée par l'intelligence artificielle. C'est à nous de façonner ce voyage et de tirer parti de la technologie tout en protégeant et en promouvant la valeur de la créativité humaine. Ensemble, nous pouvons composer une mélodie pour l'avenir qui réunit les meilleurs éléments des deux mondes tout en étant un hymne à la puissance illimitée de la créativité humaine. Nous pourrons ainsi faire en sorte que la musique de demain soit aussi émouvante, inspirante et transformatrice que la musique que nous aimons aujourd'hui.

# Chapitre 31

## L'avenir de l'IA dans la musique : Opportunités et défis

Comme la magie d'un soleil levant, l'ère de l'intelligence artificielle (IA) a ouvert un nouveau chapitre dans l'industrie musicale, plein de promesses mais aussi de mystères. Elle nous lance dans une odyssée de nouveaux horizons, remplie de créativité épanouie et de possibilités illimitées, associée à une saine dose de respect pour les défis encore inconnus.

Le paysage musical danse au rythme de l'IA, une mélodie enrichie de nouvelles influences créatives. Comme un chef d'orchestre habile, l'IA peut orchestrer le processus créatif de manière symphonique, ajoutant des nuances innovantes à chaque mesure. Une fois entre les mains des artistes, l'IA offre le pouvoir d'explorer des territoires sonores inexplorés et de créer les chefs-d'œuvre mélodiques de demain.

D'un point de vue économique, l'IA joue une mélodie de plus en plus forte. Elle permet de nouveaux modèles commerciaux qui révolutionnent les marchés de la musique et offrent aux utilisateurs des expériences musicales sur mesure. Dans une ère où les algorithmes peuvent prendre en charge certaines tâches humaines, nous devons nous préparer à une symphonie de changements qui pourrait bouleverser la répartition traditionnelle des rôles entre musiciens et producteurs.

En accord avec le développement technique, les questions éthiques sont inévitables. La salle de concert du monde musical basé sur l'IA soulève des questions sur la protection des données, les droits d'auteur, l'équité et la diversité culturelle. Le développement et l'application de l'IA doivent donc être écrits comme une partition, avec un regard attentif sur chaque mesure et chaque note, afin de s'assurer que chaque musicien occupe sa juste place dans le monde symphonique de l'IA.

Avec un œil sur la décennie à venir, l'IA continuera à consolider son leadership en tant que chef d'orchestre de l'industrie musicale. Nous pouvons nous attendre à une fusion croissante entre la créativité humaine et l'analyse assistée par IA, créant une suite symphonique d'expériences musicales uniques et immersives.

Toutefois, le prochain acte de cette saga symphonique dépend de notre connaissance de la partition et de notre volonté de prendre la baguette. C'est à nous de jouer le rôle de chef d'orchestre et de reconnaître et de saisir les défis et les opportunités de l'IA. Et cela nécessite une partition co-construite par les musiciens, les producteurs, les experts en technologie, les législateurs et la société dans son ensemble.

Mais il faut aussi souligner que l'IA ne pourra jamais remplacer l'âme humaine, qui est le véritable cœur de la musique. Un morceau piloté par IA peut atteindre la perfection technique, mais il ne peut pas saisir complètement les profondeurs de l'expérience humaine, de l'émotion et de l'expression unique nichées dans les notes, et les silences de notre musique. L'authenticité et l'unicité de la créativité humaine sont aussi irremplaçables que la corde d'une guitare ou la baguette dans les mains du chef d'orchestre.

Ainsi, alors que nous entrons dans cette nouvelle ère passionnante de l'IA dans la musique, nous devons nous assurer que le projecteur reste toujours braqué sur les créateurs et les interprètes humains. La symphonie de la collaboration entre les humains et l'intelligence artificielle recèle d'énormes possibilités, mais nous ne devons jamais oublier que la musique est fondamentalement une expression humaine qui crée un lien profond avec nos auditeurs. Nous avons devant nous un morceau de musique passionnant, qui n'a pas encore été entièrement composé, plein d'accents excitants, de mélodies innovantes et parfois d'accords dissonants. L'industrie musicale devra continuer à s'adapter au rythme de l'IA, tout en s'efforçant de préserver son intégrité artistique et sa diversité créative. En saisissant les opportunités musicales offertes par l'IA, tout en respectant les principes éthiques et en gardant la créativité humaine au premier plan, nous pouvons façonner un paysage musical dynamique et diversifié.

La forme que prendra le prochain chapitre de cette évolution dépendra de notre engagement, de notre créativité et de notre volonté de relever les défis et de saisir les opportunités. L'IA sera certainement un instrument puissant dans notre orchestre, mais c'est à nous de déterminer la mélodie et d'en fixer le tempo. En faisant cela, nous pouvons faire en sorte que l'industrie musicale entre dans un avenir passionnant où l'innovation, la diversité et l'expression humaine vont de pair et où la musique réside toujours dans notre cœur et notre âme.

www.ingramcontent.com/pod-product-compliance
Lightning Source LLC
LaVergne TN
LVHW051343050326
832903LV00031B/3722